칭찬하지 마라
격려하라

아들러 심리학이 전하는 성공의 비결

아들러 심리학이 전하는 성공의 비결

칭찬하지 마라
격려하라

Encourage rather than Praise for Success

노안영 저

학지사

머리말

모든 사람이 나름대로 성공하고 행복하기를 원하는 것처럼 나도 오랫동안 성공이란 화두(話頭)를 가지고 살아왔다. 왜냐하면 우리의 삶의 목적이 성공 혹은 행복 추구이기 때문이다. 도시를 떠나 2013년 봄의 끝자락에 시골 전원주택으로 이사 온 후 지금까지 정원에서 잡초 뽑기 명상을 하며 많은 시간을 보내면서도 '어떻게 사는 것이 성공적인 삶인가?'에 대한 답을 찾으려고 노력해 왔다. 우리 모두는 학생이다. 나는 심지어 축문에서 '고학생부군(考學生府君)'으로 죽은 사람을 호칭할 때도 사용되는 학생(disciple)이다. 학생에게 깨침은 삶에 대한 새로운 발견이고 즐거움임에 틀림없다. 그리고 학생으로서 성공에 대한 나의 깨달음이 '칭찬하지 마라 격려하라'라는 이름으로 탄생되어 기쁘다. 훈육(discipline)은 학생(disciple)이 자기관리를 잘할 수 있도록 지도하는 것이다. 당신도 학생으로서 긍정적 자기훈육(self-discipline)을 통해 격려하면서 자신을 잘 관리하면 성공의 관문을 통과할 수 있다고 확신한다.

성공의 비결이 무엇인지를 나에게 가르쳐 준 아들러(Adler)는 "사람이 하는 일 중에 가장 어려운 일은 자신을 알고 자신을 변화시키는 일이다."라고 하였다. 자신을 알고 자신을 변화시키는 일은 정말 어려운 일이다. 하지만 자기이해를 바탕으로 당신이 긍정적 자기훈육을 통해 당신의 실패하는 습관을 성공하는 습관으로 변화시키면 성공할 수 있다고 믿는다.

당신이 성공하기 위해서는 성공으로 가는 일곱 관문을 통과해야만 한다. 성공을 위한 일곱 관문을 통과하는 일이 쉽지 않은 일임에는 틀림이 없다. 당신이 진정한 성공을 원한다면 당신의 의지, 희망, 노력으로 성공을 위한 일곱 관문을 통과할 수 있다. 다행스러운 일은 성공의 일곱 관문을 열 수 있는 열쇠를 당신이 가지고 있다는 점이다.

성공이라는 영어 단어 SUCCESS를 머리글자로 구성해서 만든 성공에 필요한 일곱 가지 비결은 자기완성 추구, 자기이해, 자신감, 용기, 격려, 사회적 관심, 사회적 평등을 의미한다. 성공의 비결은 당신이 노력하면 충분히 달성할 수 있는 다음과 같은 일곱 가지 비결을 충족시키면서 사는 것이다.

Striving for superiority: **자기완성 추구**

Understanding oneself: **자기이해**

Confidence: **자신감**

Courage: **용기**

Encouragement: **격려**

Social interest: **사회적 관심**

Social equality: **사회적 평등**

진정한 성공을 위해 당신이 이러한 성공의 비결을 이해하고 성공에 대한 명상을 하면서 생활했으면 한다. 그리고 우리가 원하는 성공은 자기완성을 부지런히 추구하는 삶의 과정에서 불현듯 나타난다는 것을 명심했으면 한다.

성공의 관문을 통과하기 위해 우리 모두가 가지고 있는 가장 중요한 열쇠는 용기이다. 정말 '용기는 성공의 어머니'이다. 흔히 사람들이 말하는 '실패는 성공의 어머니'라는 말은 거듭된 실패에도 좌절하지 않고 다시 도전할 용기를 잃지 않는 것을 함축하고 있다. 용기의 어원은 심장이다. 심장이 멈추면 죽는다. 나의 잡초 뽑기 명상을 통해서 얻은 교훈은 용기와 용기를 갖게 하는 격려의 중요성을 발견한 것이다. 이러한 발견을 토대로, 나는 우리 사회를 행복한 사회로 만들기 위해 사람들에게 용기를 불어넣는 '풀 살리기' 교육과 훈련이 절실하게 필요하다는 것을 다음과 같이 강조하고 싶다.

- 성공을 위해 풀 죽이지 말고 풀을 살리는 자기훈육이 필요하다.
  용기를 함축하는 순수한 우리말은 풀, 풀기이다. 풀은 풀기의 약자이다.
  풀 혹은 풀기는 사람의 씩씩하고 활발한 기운으로 용기를 의미한다.
  사람이 풀이 죽어 있다는 것은 활기나 기세가 꺾여 맥이 없는 것을 말한다.
  당신이 성공하기 위해서는 격려를 통해 당신의 풀기를 살리는 긍정적 자기훈육이 필요하다.
  당신이 풀이 죽어 있다면 풀을 살리기 위해 격려가 필요하다.
  잡초를 뽑아 없애는 것을 풀매기라 한다.
  나는 풀매기를 통해 사람에게 풀, 용기가 얼마나 중요한 심리적 요인인가를 깨달았다.
  풀매기는 정말 지루하면서도 집중을 요하는 일이다.
  정원에 있는 잔디가 잘 자라도록 잡초를 뽑고 또 뽑아도 잡초는 쉴 사이 없이 자라기 때문에 풀매기에 정말 많은 노력이 요구된다.

풀매기를 통해 잡초와의 전쟁을 치르면서 우리의 삶에 인내심, 부지런함, 그리고 격려가 얼마나 중요한가를 터득했다.

- 자기완성, 성공 추구를 위해서 우리가 풀이 죽어 있으면 안 된다.
  풀이 죽어 있는 사람은 자신감이 없는 사람이다.
  자기이해를 통해 자신의 열등감을 극복하기 위해 자신의 풀을 살려야 한다.
  당신이 누군가를 사회적 관심을 가지고 배려하면 정말 그의 풀을 살릴 수 있다.
  사회적 불평등에서 비롯된 사회적 열등감을 극복하는 데 역시 도전할 풀이 필요하다.

- 부모는 당근과 채찍의 원리에 의해 자녀의 풀을 죽여서는 안 된다.
  부모는 격려에 의해서 풀이 죽어 있는 자녀의 풀을 살려야 한다.

- 교사는 칭찬과 처벌의 원리에 의해 학생의 풀을 죽여서는 안 된다.

교사는 격려와 논리적 결과를 적용해서 학생의 풀을 살려야 한다.

● 직장에서 관리자는 보상과 처벌에 의해 직원들의 풀을 죽게 해서는 안 된다.
직장에서 관리자가 격려로 직원들의 풀을 살려 주어야 신바람 나게 일할 수 있다.

● 사람이 풀이 죽어 있으면 살아 있어도 제대로 사는 것이 아니다.
당신과 주변 사람들의 풀을 살리기 위해 정말 필요한 것은 칭찬이 아니라 격려이다.

나의 바람은 대한민국이 격려하는 민주적 사회가 되는 것이다. 풀뿌리 민주주의는 국민인 민초들에 의한 민주주의이다. 수많은 국민의 촛불을 통한 풀뿌리 민주주의가 진화되고 있는 대한민국에서 개개인이 풀기, 즉 용기를 잃지 않고 살 수 있도록 서로 격려하면서 생활했으면 한다. 개인의 성공은 사회의 성공이다. 인간은 사회적 존재이다. 따라서 개인이 속한 사회인 가정, 학교, 직장에서의 생활을 고려함이 없이는 개인의 성공이나

행복 추구는 불가능하다. 현재 우리 사회를 지배하고 있는 경쟁
과 비교보다 협동과 기여가 강조되는 사회가 되어야 살맛 나는
가정, 학교, 직장이 될 수 있다.

개인의 진정한 성공적 삶을 위해 칭찬보다 격려하는 사회가
되는 것이 필요하다. 칭찬과 격려는 매우 다르다. 칭찬은 강화
와 처벌, 즉 당근과 채찍의 원리로 말하면 당근에 해당한다. 그
런 점에서 칭찬은 항상 처벌인 채찍을 가정하고 있다. 반면에
실수나 실패로 실의에 빠져 있는 사람에게 정말 필요한 것은 격
려이다. 격려는 용기를 잃고 낙담된 사람에게 삶의 원동력인 용
기를 불어넣는 것이다. 칭찬은 고래를 춤추게 하지만 격려는 사
람을 춤추게 한다. 식물에게 물과 태양이 필요하듯 인간에게 격
려가 필요하다. 모든 사람이 자신의 가정, 학교, 직장에서 격려
하고, 격려하고, 또 격려하면서 훈훈한 마음으로 신바람 나는
생활을 했으면 한다.

지금까지 한국에서 서로 격려하면서 아들러 심리학을 함께
공부해 온 광주교육대학교 오익수 교수, 목포대학교 강만철 교
수, 광주보건대학교 김광운 교수, 동신대학교 오명자, 서혜석
교수, 전남대학교 강영신 교수, 광주대학교 정민 교수, 호남대
학교 임수진 교수, 그리고 한국아들러상담학회 임원인 장안나
선생, 김지연, 황은일, 김천수 박사께 고마움을 느낀다. 그리고

전남대학교 심리학과 상담교실의 모든 대학원생에게 고마움을 전한다. 또한 같은 지붕 아래서 희로애락을 같이 해 온 전남대학교 심리학과 박태진, 한규석, 윤가현, 김문수, 신현균, 이혜진, 황석현 교수께도 감사의 마음을 전한다.

그동안 삶의 동반자로서 함께해 오면서 자나 깨나 나를 격려해 준 아내 고진명, 잘 성장해서 서울에서 그래픽디자이너로 열심히 살아가고 있는 딸 다예와 미국에서 수학교사를 하고 있는 아들 병우에게도 고마움과 함께 격려의 메시지를 전한다. 마지막으로 제자로서 학지사에서 변함없이 성실하게 일하면서 나를 격려해 준 정승철 이사, 이 책의 편집을 맡아 좋은 책이 되도록 수고해 온 황미나 님, 그리고 마음을 전달하는 좋은 책을 출판하기 위해 노력하면서 성공적인 삶을 영위하고 있는 학지사 김진환 사장님께 감사의 마음이 전달되었으면 한다.

등위가 없는 無等山을 바라보면서
지실마을에서
저자 노 안 영

차례

1
장

성공을 위한
일곱 가지 비결

1장

성공을 위한
일곱 가지 비결

우리는 행복한 삶을 추구하면서 성공하기 위해 살고 있다. 그리고 현재 우리는 자기완성이라는 성공을 추구하는 과정에 있다. 누구나 성공할 수 있다. 왜냐하면 성공은 주관적이며 추구하는 과정에서 느끼는 행복이기 때문이다. 삶은 영원한 현재이다. 현재, 이 순간에 당신이 행복을 느끼면 성공한 것이다. 누구나 성공을 갈구하고 성공을 느끼면서 삶의 여행을 하고 있다. 우리는 각자 성공의 비결을 찾아 여행을 하고 있다. 당신의 삶의 여정이 행복으로 점철되기를 기원한다.

SUCCESS(성공)의 비결은 노력하면 충분히 달성할 수 있는 다음과 같은 일곱 가지 비결을 충족시키면서 사는 것이다. 이러한 비결을 생각하면서 성공에 대한 명상을 하며 생활하자. 우리의 성공은 자기완성을 열심히 추구하는 삶의 과정에서 불현듯 나타난다는 것을 명심했으면 한다.

Striving for superiority: **자기완성 추구**
Understanding oneself: **자기이해**
Confidence: **자신감**
Courage: **용기**
Encouragement: **격려**
Social interest: **사회적 관심**
Social equality: **사회적 평등**

- 당신은 성공할 수 있다.
- 당신만이 당신의 문제를 해결하고 성공할 수 있다.
- 성공으로 통하는 일곱 관문과 관문을 열 수 있는 일곱 개의 열쇠가 있다.
- 당신이 성공하기 위해 성공으로 가는 일곱 관문을 통과해야만 한다.
- 성공의 일곱 관문을 통과하기 위해 당신의 지혜와 노력을 발휘해야 한다.
- 당신의 성공을 위해 필요한 일곱 개의 열쇠를 당신 자신이 가지고 있다.
- 성공의 관문을 열기 위해 당신이 가지고 있는 일곱 개의 열

쇠를 어떻게 사용하는가는 전적으로 당신에게 달려 있다.

성공의 관문을 열기 위한 첫 번째 열쇠: 자기완성 추구

- 성공의 첫 번째 비결인 자기완성 추구란 삶의 목적을 실현하기 위해 노력하는 것이다.
- 자기완성은 우월성, 의미, 성공, 최종목적, 열등감 극복 등을 의미한다.
- 인간은 목적론적 존재로서 목적을 달성하기 위해 행동한다.
- 당신이 하는 모든 행동에는 목적이 있다.
- 우리가 가진 삶의 최종목적이라는 꿈을 실현하기 위해서 목적을 정확히 알아야 한다.
- 우리의 자기완성 추구라는 목적을 달성하기 위해서 최선의 노력을 하는 것이 필요하다.
- 당신이 성공이라는 목적을 달성하기 위해 구체적으로 원하는 목표를 아는 것이 필요하다.
- 당신이 달성하고자 간절히 원하는 목표는 당신의 능력으로 실현할 수 있는 현실적 목표여야 한다.
- 성공을 위해 당신은 세 가지 인생과제인 일, 사랑, 우정을 원만하게 달성해야 한다.
- 성공을 위해 필요한 세 가지인 사회적 관심, 용기, 상식을 가

지고 생활하는 것이 필요하다.

- 당신이 정말 원하는 목적을 달성하기 위해 실천할 수 있는
계획을 세워서 열심히 노력하면 성공할 수 있다.

성공의 관문을 열기 위한 두 번째 열쇠: 자기이해

- 성공의 두 번째 비결은 자기이해이다.
- 성공을 위해 온전히 자기를 이해하는 것이 필요하다.
- 성공을 위해 자신에 대한 철저한 탐구를 통해 자신의 정체를
정확히 알아야 한다.
- 성공을 위해 자신이 가진 열등감을 파악해서 극복하는 것이
필요하다.
- 성공을 위해 자신이 가진 우월성을 파악해서 개발하고 증진
시켜야 한다.
- 자기이해를 통해 자신이 가진 약점은 개선하고 강점은 발전
시켜야 한다.
- 성공을 위해 불완전한 실존적 존재로서 죽음에 대한 이해가
필요하다.
- 유한한 시간에 던져진 존재로서 되풀이될 수 없는 삶, 단 한
번밖에 없는 귀중한 삶의 의미를 이해하고 부지런히 의미 추
구를 해야 한다.

성공의 관문을 열기 위한 세 번째 열쇠: 자신감

- 성공의 세 번째 비결은 자신감이다.
- 자신감은 자신에 대한 온전한 믿음에서 비롯된다.
- 성공은 자신이 성공할 수 있다는 확고한 신념에서 비롯된다.
- 자신감은 삶의 도전에 맞서 '나는 그 일을 해낼 수 있어.'라는 신념이다.
- 자신감은 우리에게 주어진 인생과제를 잘 처리할 수 있다는 자신의 능력에 대한 믿음이다.
- 성공을 위해 당신이 신을 믿듯이 믿음의 주체로서 자신을 믿고 생활해야 한다.
- 성공을 위해 당신이 가진 열등감을 극복할 수 있다는 자신감이 필요하다.

성공의 관문을 열기 위한 네 번째 열쇠: 용기

- 성공의 네 번째 비결은 용기이다.
- 용기는 삶을 가능하게 하는 창조적 원동력이다.
- 성공을 위해 가장 중요한 비결은 어떤 시련에도 도전하고 응전하게 하는 용기이다.
- 용기의 어원은 심장이다. 따라서 용기를 잃으면 죽는다.

- 성공을 위해 자신의 인생과제를 달성하기 위한 용기가 필요하다.
- 두려움은 용기의 결여이다.
- 성공을 위해 두려움 대신 용기가 필요하다.
- 삶의 도전에 용기로 맞서지 못하고 두려워서 회피하거나 도피하면 성공할 수 없다.
- 패할 수 없는 용기가 불완전할 용기이다.
- 성공을 위해 실수나 실패에 대한 두려움 없이 불완전할 용기로 살아가는 것이 필요하다.

성공의 관문을 열기 위한 다섯 번째 열쇠: 격려

- 성공의 다섯 번째 비결은 격려이다.
- 격려는 삶의 창조적 원동력인 용기를 갖게 하는 것이다.
- 성공을 위해 우리에게 용기를 불어넣는 격려가 필요하다.
- 우리가 실수나 실패로 실의에 빠져 있을 때 필요한 것이 자기격려이다.
- 우리와 더불어 사는 사람들이 좌절되어 낙담되어 있을 때 정말 필요한 것이 격려이다.
- 식물에게 물과 태양이 필요하듯 인간에게 격려가 필요하다.
- 칭찬은 고래를 춤추게 하지만 격려는 사람을 춤추게 한다.

- 성공을 위해 칭찬하지 말고 격려하라.
- 당신이 소속한 가정, 학교, 직장에 있는 사람들과 함께 행복한 삶을 위해 상대방을 격려하고, 격려하고, 또 격려하라.

성공의 관문을 열기 위한 여섯 번째 열쇠: 사회적 관심

- 성공의 여섯 번째 비결은 사회적 관심이다.
- 사회적 관심은 이웃사랑, 공동체감, 공감이다.
- 사회적 존재로서 인간의 사회적 관심은 정신건강의 지표로 사용된다.
- 사회적 관심은 공동체에서 구성원들과의 동일시를 통한 공감적 이해이다.
- 성공을 위해 우리에게 더불어 사는 지혜의 표현인 사회적 관심이 필요하다.
- 사회적 관심은 상대방의 눈으로 보고, 상대방의 귀로 듣고, 상대방의 마음으로 느끼는 것이다.
- 사회적 관심은 집단에 대한 소속감을 가지고 협동하고 기여하는 것이다.
- 성공을 위해 우리는 사회적 존재로서 집단에 대한 소속감을 가지고 협동하고 기여하면서 생활하는 것이 필요하다.

성공의 관문을 열기 위한 일곱 번째 열쇠: 사회적 평등

- 성공의 일곱 번째 비결은 사회적 평등이다.
- 사회적 평등은 모든 사람이 인간으로서 사회적 지위가 동등함을 의미한다.
- 우리가 소속해 있는 가정, 학교, 직장에서 행복하게 지내기 위해 구성원들 간에 상호존중이 필요하다.
- 사회적 평등은 상호존중이 이루어지기 위한 선행조건이다.
- 인간의 사회적 지위가 동등하다는 확고한 신념이 없이는 진정한 상호존중이 불가능하다.
- 당신이 누군가에게 존중받기를 원하면 먼저 상대방을 존중하라.
- 우리를 불행하게 하는 대부분의 사회적 갈등은 사회적 불평등에서 비롯된다.
- 성공을 위해 상대방을 존중하고 수평적 관계인 인간 대 인간으로 대하면서 생활하는 것이 필요하다.

2
장

성공을 위한
삼·삼·칠 격려박수치료

2장

성공을 위한
삼·삼·칠 격려박수치료

우리는 행복한 삶을 위해서 성공하기를 원한다. 당신이 삼·삼·칠 격려박수를 치며 성공의 의미에 대한 명상을 하면서 생활하면 행복해질 수 있다. CNN을 통해 방영됐던 것처럼 실제로 미국의 맨해튼에 있는 중앙공원(Central Park)에서 박수치료(clapping therapy)를 하면서 건강을 챙기며 생활하는 사람들이 있다. 당신도 정말 박수를 치면서 발생되는 에너지가 양손에서 온몸에 전달되는 활기를 느끼면서 건강하게 생활할 수 있다. 지금 박수를 치면서 파급된 에너지가 온몸에서 느껴지는 경험을 시도해 보면 쉽게 확인할 수 있을 것이다. 건강을 잃으면 정말 모든 것을 잃는다. 건강을 유지해야 당신이 추구하는 성공을 달성할 수 있다. 한국 사람들이 흔히 운동 경기장이나 행사장에서 선수들이나 수고하는 사람들을 격려하기 위해 많이 치는 박수가 삼·삼·칠 박수이다.

이 장의 제목인 '성공을 위한 삼·삼·칠 격려박수치료'는 아들러(Alfred Adler, 1870~1937)가 개발한 개인심리학에서 강조하는 성공 추구의 의미를 보다 쉽게 이해할 수 있도록 삼·삼·칠 박수와 결합해서 붙여졌다. 아들러는 사람들이 사회적 평등의 태도로 상호존중하는 민주적 사회를 강조하고 몸소 실천한, 시대를 앞서간 실증적 이상주의자였다. 더불어 그는 상대주의자로서 저마다 다른 개인적 특성을 가진 구성원들이 서로 격려하고 공감하면서 생활하는 행복한 가정, 학교, 직장이 되기를 갈망하였다. 성공을 위해 당신이 자기격려를 통해 자신에게 용기를 불어넣으면서 삶의 도전에 맞서 생활하는 것이 필요하다. 더불어 사회적 관심을 가지고 타인격려를 통해 실의에 빠져 있는 주변 사람들이 일어서서 나아갈 수 있도록 그들에게 용기를 불어넣으려는 노력을 해야 한다. 왜냐하면 우리는 타인을 배려하고 타인과 함께 인생의 희로애락을 느끼면서 생활할 때만 진정으로 성공적인 삶을 살 수 있기 때문이다.

삼·삼·칠 격려박수치료

인생과제(3): 일과 직업, 사랑과 결혼, 사회(우정)

인생문제(3): 용기의 결여, 상식의 결여, 사회적 관심의 결여
성공(7): 자기완성(우월성) 추구, 자기이해, 자신감, 용기, 격
려, 사회적 관심, 사회적 평등

삼·삼·칠 격려박수의 처음 삼 박수는 세 가지 인생과제를 의미한다. 아들러는 사람들이 생애를 통해 달성해야 할 세 가지 인생과제로 일과 직업, 사랑과 결혼, 대인관계(우정)를 제안하였다.

삼·삼·칠 박수의 뒤따른 삼 박수는 세 가지 인생문제를 의미한다. 아들러는 문제를 가진 사람들의 세 가지 특성이 용기의 결여, 상식의 결여, 사회적 관심의 결여라고 주장하였다.

삼·삼·칠 박수의 마지막 칠 박수는 성공이라는 영어 단어 SUCCESS를 머리글자로 구성해서 만든 성공에 필요한 일곱 가지 비결, 즉 자기완성 추구, 자기이해, 자신감, 용기, 격려, 사회적 관심, 사회적 평등을 의미한다.

Striving for superiority: 자기완성 추구

Understanding oneself: 자기이해

Confidence: 자신감

Courage: 용기

Encouragement: 격려

Social interest: 사회적 관심

Social equality: 사회적 평등

성공을 위한 긍정적 자기훈육의 원리

삶의 과정에서 우리 모두는 배워 가는 학생이다. 훈육 (discipline)이라는 말은 학생(disciple)에서 파생된 말로 학생이 스스로 자기관리를 잘하도록 지도하는 것을 말한다. 성공을 위해 당신이 학생으로서 다음과 같은 긍정적 자기훈육의 원리를 실천하면서 생활하는 것이 필요하다.

- 목표를 설정하고 달성을 위해 노력하라.
- 자기이해를 통해 자신의 우월성을 확인하라.
- 자신감을 가지고 살라.
- 용기를 잃지 말고 도전하라.
- 격려하면서 생활하라. 특히 실수나 실패했을 때 격려하라.
- 타인과 협동하고 기여하면서 성공을 추구하라.
- 사회적 평등에 대한 확고한 신념을 가지고 상호존중하면서 생활하라.

당신이 이러한 일곱 가지 긍정적 자기훈육의 원리를 지키면서 생활하면 성공할 수 있다. 이러한 사실은 실패한 사람들의 특징을 살펴보면 분명히 알 수 있다. 실패는 성공의 결여이다. 즉, 실패한 사람은 앞에서 설명한 긍정적 자기훈육의 원리에 거슬러서 생활한다. 실패한 사람의 주요한 특징은 다음과 같다.

- 달성하고자 하는 목표가 없이 방황한다.
- 자기이해의 결여로 열등감이나 우월감 콤플렉스에 쉽게 빠질 수 있다.
- 자신감의 결여로 삶의 요구에 도전하지 못한다.
- 용기의 결여인 두려움으로 머뭇거리며 행동하지 못한다.
- 격려의 반대인 낙담으로 실의에 빠져 생활한다.
- 애타심의 결여인 이기심을 가지고 비교하고 경쟁하면서 생활한다.
- 사회적 불평등 태도에서 비롯된 사회적 열등감이나 우월감을 느끼며 생활한다.

격려를 통한 긍정적 자기훈육

우리가 성공적인 삶을 살기 위해서 자타가 공인하는 성공한 사람의 특징이 무엇인지 파악하는 것이 필요하다. 실패하지 않고 성공하기 위해서 실패한 사람의 특성도 아는 것이 요구된다. 더불어 우리가 원하지 않지만 일어나는 실패의 의미도 정확히 이해하는 것이 필요하다. 실패는 성공의 어머니이다.

긍정적 자기훈육은 자기격려하면서 낙담하지 않고 사는 것이다. 격려는 우리가 성공 추구를 하면서 겪는 실수나 실패의 아픔을 딛고 일어서서 나아가게 하는 내적 동기를 촉발시킨다.

격려하고, 격려하고, 또 격려하라. 그러면 당신은 성공적인 삶을 영위할 수 있다. 성공한 사람의 주요한 특징은 끊임없이 자기격려를 하면서 생활하는 사람이다. 자기격려를 잘하는 사람이 역시 타인을 잘 격려할 수 있다. 격려는 말 그대로 용기를 촉진시키는 것이다. 당신이 할 수 있는 최상의 자기격려는 불완전한 존재로서 있는 그대로 자신을 수용하고 사랑하는 것이다. 최상의 타인격려 역시 있는 그대로 상대방을 수용하고 사랑하는 것이다. 당신이 자기격려를 하면 자신감과 책임감이 향상된다. 다음과 같은 아들러학파 구호를 외치거나 가슴에 되새기면서 자기격려를 하며 생활하자.

- 나는 있는 그대로의 나로서 참 훌륭하다.
  그리고 당신도 있는 그대로의 당신으로서 참 훌륭하다.
  자기격려는 우리에게 자신감과 책임감을 갖도록 충전시켜 준다.
  따라서 나는 그것을 할 수 있다. 그것은 나의 책임이다.

격려는 용기를 갖고 행동하게 하는 삶의 촉진제이다. 격려는 난관을 극복하고 나아가게 하며 우리를 유혹하는 것들을 물리치고 나아가게 할 원동력인 용기를 불어넣는 것이다. 크라우츠(Krautz)가 지적한 것처럼 '삶의 시련과 유혹을 인내할 용기가 없는 사람은 정말 환자가 된다.'는 것을 명심하면서 생활하자. 노자가 지적한 것처럼 '당신이 누군가에 의해 정말로 사랑을 받는 것은 당신에게 힘을 주고, 반면에 당신이 누군가를 정말 사랑하면 당신에게 용기를 준다.'

당신이 설정한 목표를 달성하기 위해 당신의 열등감과 우월성을 정확히 알아야 한다. 그래야 당신이 약점이나 부족함에서 비롯된 열등감을 극복할 수 있고 강점이나 자질인 우월성을 신장시킬 수 있다. 용기 중에 물리칠 수 없는 용기가 불완전할 용기이다. 불완전할 용기는 당신이 있는 그대로 자신을 수용하고 사랑할 용기이다. 당신이 다음과 같은 아들러학파 선언에 따라 생활하면 지금보다 훨씬 성공적인 삶을 영위할 수 있다.

- 우리는 우리의 열등감을 수용하고 극복할 수 있다.
  우리는 우리의 우월성, 즉 자기완성을 추구하고 있다.
  우리는 있는 그대로로서 우리가 되기 위해 '불완전할 용기'를 실현하고 있다.
  어떤 것도 자신감과 책임감에 대한 우리의 결심을 막을 수 없다.

우리 각자에게는 삶을 통해 달성하고자 하는 목적이 있다. 우리의 목적을 이루기 위해 삶이 우리를 아무리 힘들게 해도 우리에게는 실존할 용기가 필요하다. 당신이 다음과 같은 '격려기도문'을 되새기면서 불완전할 용기를 가지고 꿋꿋하게 행동할 때, 당신의 지식과 경험의 식견을 확장할 지혜를 터득하게 되리라 본다.

- 신이여, 저에게 저의 내적 불안을 참아 낼 침착함을,
  불완전할 용기를,
  용서하고 사랑할 용기를,
  그리고 저의 지식과 경험의 식견을 확장할 지혜를 주소서.

칭찬하지 말고 격려하기

가정에서 부모가 자녀에게 그리고 학교에서 교사가 학생에게 줄 수 있는 긍정적 훈육의 핵심은 격려이다. 한국의 대부분의 부모는 대체로 자녀의 성공을 자신의 성공과 동일시한다. 그래서 예나 지금이나 부모들은 자식농사를 잘 짓는 방법에 관심이 많다. 당신이 자식농사를 정말 잘 짓기를 원한다면 지금부터 칭찬하지 말고 격려하기를 실천해야 한다.

지난 20세기에 득세했던 행동주의의 대표적인 심리학자인 스키너(B. F. Skinner)는 행동변화를 위한 강화와 처벌의 원리를 제안하였다. 강화와 처벌의 원리는 쉽게 말하면 당근과 채찍의 원리이다. 그가 강조한 강화와 처벌에 근거한 행동수정의 방법이 한국 사회에서 현재에도 광범위하게 적용되고 있다. 그러한

주요한 예로서 대한민국 정부 주도로 진행되고 있는 성과급제가 있다. 많은 부모는 '칭찬(강화)하니까 우리 아이가 달라졌다.'고 믿고 칭찬의 중요성을 강조하고 있다. 더불어 초등학교에서 적지 않은 교사들은 강화의 원리에 근거한 '스티커 주기' 방법을 적용해서 학생들을 비교하고 경쟁시키고 있는 실정이다.

스키너가 동물실험을 통해 개발한 강화와 처벌에 근거해서 본다면 "칭찬은 고래를 춤추게 한다."거나 "칭찬은 아기고래도 춤추게 한다."라는 말은 맞는 얘기이다. 하지만 "칭찬은 사람을 춤추게 한다."라는 말은 맞지 않는 말이다. 그래서 다음과 같이 말할 수 있다. '칭찬은 고래를 춤추게 하지만 격려는 사람을 춤추게 한다.'

적지 않은 사람들이 TV를 통해 인간의 행동변화에 있어서 칭찬의 중요성을 강조하고 칭찬의 효과를 주장하는 이유를 정확히 이해하는 것이 필요하다.

행동변화에 분명히 강화는 처벌보다 더 효과적이다. 다시 말하면, 칭찬은 비난하기, 꾸짖기, 신체적 체벌과 같은 처벌보다 인간의 행동변화에 분명히 더 효과적이다. 더 쉽게 말하면 당근이 채찍보다 효과적이다. 이러한 논리적 결과에 비추어서 유추해 보면 "칭찬하니까 우리 아이가 달라졌어요."라고 말하는 부모는 거의 칭찬하지 않고 비난이나 꾸짖는 의사소통을 해 왔거나 현재에도 하고 있다고 볼 수 있다. 다시 말하면, 칭찬은 당근과 채찍의 원리를 적용한 것이기 때문에 이러한 원리가 가진 문제들을 모두 가지고 있다고 볼 수 있다. 상담자나 교사가 "가능하면 아이에게 칭찬을 많이 해 주세요."라는 요청에 어떤 부모님은 '아이를 칭찬해 주라고 하는데, 칭찬할 짓을 한 것이 없는데 어떻게 칭찬을 하느냐.'고 반문한다. 정말 그렇다. 실수나 실패로 좌절에 빠져 낙담되어 있는 사람들이나 부적절한 행동을 하는 사람에게 칭찬을 할 수는 없다. 낙담된 사람들에게 정말 필요한 것이 격려이다.

적지 않은 사람들이 격려와 칭찬을 같은 것으로 생각하거나 뭔가 약간 다르다는 뉘앙스를 가지고 있지만 정확한 구별을 하지 못하는 것 같다. 격려는 칭찬과 정말 다르다. 그리고 우리에게 필요한 것은 칭찬이 아니라 격려이다. 제2의 아들러라 호칭되는 드레이커스(R. Dreikurs)는 인간에게 격려의 중요성에 대해 "식물에게 물과 태양이 필요하듯 인간에게 격려가 필요하다."라고 표현하였다. 이런 점에서 정말 당신이 사랑하는 자녀, 아내나 남편, 친구나 직장동료에게 칭찬하지 말고 격려하는 것이 요구된다.

칭찬과 격려가 어떻게 다른지 몇 가지 핵심적인 점만 설명하면 다음과 같다. 첫째, 칭찬의 초점은 행동의 결과이다. 즉, 칭찬은 칭찬을 해 주는 사람의 기대에 부합한 행동을 했을 때 주어진다. 반면에 격려의 초점은 행동의 결과가 아닌 시도한 노력, 행동 그 자체이다. 둘째, 우리는 실수나 실패로 낙담된 사람에게 칭찬을 하지 않는다. 반면에 낙담되어 실의에 빠져 있는 사람에게 정말 필요한 것은 격려이다. 셋째, 칭찬은 비교와 경쟁을 통해 얻는 결과인 외적 동기에 맞춰서 제공되며, 계속해서 좋은 결과를 얻지 못할 경우에는 낙담을 초래한다. 반면에 격려는 인간에게 필요한 내적 동기에 맞춰서 제공되며 협동과 기여로 이끈다.

성공을 위한 진정한 변화의 원리

우리는 실패보다 성공을 원한다. 성공을 추구하고 실패를 원하지 않는다. 우리가 성공하고 실패하지 않기 위해 실패의 원인을 파악하는 것이 필요하다. 그래서 실패는 성공의 어머니라고 한다. 다른 말로 실패 없이 성공은 없다는 것을 의미한다. 실패와 성공은 동전의 양면으로 성공을 위해 자신의 실패를 이해하는 것이 필요하다. 우리는 시행착오를 통해 배운다. 실패할까 두려워서 시행도 못하면 배우지 못한다.

우리가 잘 아는 "오래된 습관을 없애기가 정말 힘들다(Old habits die hard)."라는 속담이나 "세 살 버릇 여든 살까지 간다."라는 말처럼 우리가 형성했던 오래된 습관을 바꾸는 것은 정말 쉽지 않다. 하지만 성공을 위해 우리를 실패하게 하는 나쁜 습관을 바꾸지 않으면 안 된다. 다시 말하면, 실패를 초래하는 나쁜 습관을 좋은 습관으로 바꾸어서 성공으로 이끄는 게 필요하다.

필자의 삶의 경험과 상담자로서 상담경험을 바탕으로 성공을 위한 진정한 변화의 원리로 발견한 두 가지는 '지식과 경험의 확장' '격려와 역설을 적용한 이차원적 변화'이다. 성공적인 삶을 위해 이러한 두 가지에 대해 살펴보자.

변화의 원리 1: 지식과 경험의 확장

우리가 가진 많은 문제는 단순히 우리의 지식과 경험을 확장함으로써 해결될 수 있다. 우리 각자가 세상을 살아가는 데 있어 적용하는 방식은 자신이 가진 지식이나 경험을 뛰어넘을 수 없다. 우리가 배우고 확장할 지식과 경험은 끝이 없다. 적지 않은 사람들이 편견이나 고정관념에 사로잡혀 타인과 화합하지 못하거나 시대에 부합하지 않는 부적절한 방식으로 생활하고 있다. 그래서 자기만의 세계에 갇혀서 사는 사람이나 편협한 관점이나 식견이 낮은 사람을 향해 우리는 흔히 '우물 안 개구리가 되지 말라.'고 말한다. 변화의 첫 번째 원리는 지험무애, 즉 '지식과 경험은 끝이 없다.'는 것을 알고 실천하는 것이다.

변화의 원리 2: 격려와 역설을 적용한 이차원적 변화

실패는 성공의 결여이다. 낙담은 격려의 결여이다. 거듭된 실패로 자신감을 잃고 낙담되어 실의에 빠져 있는 사람은 삶의 의미 추구를 포기하고 방황하며 지낸다. 이런 사람들에게 격려와 역설을 통한 이차원적 변화가 일어나도록 하는 게 필요하다. 즉, 끊임없는 격려를 통해 낙담에서 벗어나도록 하고, 더 나아가 역설을 적용하여 실패로 인한 열등감 콤플렉스에서 벗어나 성공 추구에 맞춰 생활하도록 조력하는 것이 필요하다.

우리가 가진 문제를 해결하기 위해서 필요한 것은 정확히 문제가 무엇인지 파악하여 직면하는 것이다. 자신의 심리적 문제를 해결하지 못한 많은 사람은 일반적으로 문제에 직면하지 못하고 회피하거나 도피하는 사람이다. 우리가 가진 문제를 해결하기 위해 문제해결의 주체인 우리 자신의 변화가 필요하다. 우리가 문제해결을 위해 사용하는 두 종류의 변화가 있다. 그것은 일차원적 변화와 이차원적 변화이다. 일차원적 변화는 같은 차원에 머무르면서 정도의 변화만 일어나는 것을 말한다. 예를 들면, 담배를 피우는 사람이 담배를 피우면서 담배 피는 횟수를 줄이는 것이다. 반면에 이차원적 변화는 다른 차원으로의 변화를 말한다. 담배를 피우는 사람이 담배를 끊고 완전히 피우지 않는 것이다. 당신의 문제가 나쁜 습관에서 비롯되었다면, 문제해결을 위한 진정한 변화는 나쁜 습관을 완전히 중단하거나 좋은 습관으로 바꾸는 것이다. 예를 들면, 실패정체감을 가진 사람이 자신의 실패정체감을 성공정체감으로 바꾸는 것이다.

많은 상담자는 내담자의 문제해결을 위해 이러한 이차원적 변화에 해당하는 진정한 변화를 야기하기 위해 역설을 적용한다. 상담이나 심리치료에서 처음으로 아들러가 사용했던 증상처방(symptom prescription)이나 역제의(anti-suggestion)가 역설을 적용한 것이다. 예를 들면, 발표불안이 심해서 어려움을 겪고 있는 내담자에게 발표불안을 처방하는 것이 증상처방이다. 상담자가 내담자와 상담관계를 잘 맺은 후 먼저 내담자에게 발표불안을 해결할 수 있다는 확신을 심어 준다. 그런 다음에 상담자가 내담자에게 "당신의 발표불안을 해결하기 위해서 발표상황에서 불안이 어떻게 나타나는지 구체적으로 확인해 오세요."라고 증상처방을 한다. 내담자가 그에게 주어진 증상처방을 수행한다면 그동안 회피나 도피만 해 왔던 습관에서 벗어나 발표를 해야 하기 때문에 딜레마에 빠지게 된다. 아무튼 내담자가 직면해서 증상처방을 수행하면 절반 정도의 문제가 해결됐다고 말할 수 있다. 변화를 위한 역설적 기법은 내담자가 의도하거나 원하는 것에 반하는 행동을 하도록 제안, 즉 역제의를 해서 내담자를 더욱 궁지에 빠지게 해 혼돈을 경험하게 한다. 물리학의 카오스이론에서 입증된 것처럼 혼돈 후에 안정된 질서와 평화가 찾아온다. 좀 더 쉽게 이해하기 위해 불면증 환자를 예로 들어 보자. 불면증 환자는 자나 깨나 잠자기를 원한다. 자고 싶어도 잠을 못 이루는 불면증 환자의 기대에 반해서 절대 잠자지 말도록 제안하는 것이 역제의이다.

거듭된 실패로 낙담되어 있는 사람에게 일차적으로 필요한 것은 격려이다. 다음으로 필요한 것은 그가 형성한 실패 습관을 성공 습관으로 바꾸도록 하는 것이다. 지적한 것처럼 개인이 형성해 온 오래된 습관을 바꾸는 것이 용이하지는 않다. 하지만 성공을 위해 실패 습관을 성공 습관으로 변화하도록 문제에 직면을 통한 이차원적 변화인 역설적 방법을 적용하는 것이 필요하다.

당신의 성공을 위해 일곱 가지 성공의 비결을 바탕으로 성공한 사람과 실패한 사람을 비교해서 차이점을 살펴보자.

- 실패는 성공의 결여이다.

  성공한 사람은 나름대로 설정한 목표에 도달하기 위해 우월성 추구를 위해 노력한다.

  실패한 사람은 자신의 열등감에 사로잡혀 열등감 콤플렉스에 빠질 수 있다.

- 자기오해는 자기이해의 결여이다.

  성공한 사람은 철저한 자신의 강점이나 약점을 파악하여 생산적인 삶을 영위한다.

  실패한 사람은 자신의 자질을 개발하지 못하거나 열등감을 적절하게 보상하지 못한다.

- 자신감 없음은 자신감의 결여이다.

  성공한 사람은 자신에 대한 믿음을 바탕으로 자신감을 가지고 삶의 요구에 도전한다.

  실패한 사람은 자신에 대한 불신으로 매사에 자신감 없이 생활한다.

- 두려움은 용기의 결여이다.

  성공한 사람은 불완전할 용기로 실패로 인한 좌절에 빠지지 않고 삶의 도전에 맞서 행동한다.

  실패한 사람은 두려움으로 삶의 요구에 맞서지 못하고 회피하거나 도피한다.

- 낙담은 격려의 결여이다.

  성공한 사람은 불완전한 존재로서 실수하거나 실패했을 때도 자기격려로 침체에 빠지지 않는다.

  실패한 사람은 비교와 경쟁으로 인해 실수하거나 실패했을 때 낙담되어 실의에 빠져 생활한다.

- 자기관심은 사회적 관심의 결여이다.

  성공한 사람은 집단에 대한 소속감을 가지고 타인과 협동하고 사회에 기여하면서 생활한다.

실패한 사람은 자신에 대한 이익을 위해 매진하며 타인과 비교와 경쟁하면서 많은 스트레스를 경험하면서 생활한다.

- 사회적 불평등은 사회적 평등의 결여이다.

  성공한 사람은 사회적 평등에 대한 확고한 신념을 바탕으로 상호존중하며 생활한다.

  실패한 사람은 사회적 불평등 태도로 힘에 의한 지배와 복종에 따른 많은 갈등이나 사회적 열등감이나 사회적 우월감을 느끼며 생활한다.

요약하면, 실패한 사람은 열등감, 자기오해, 자신감의 결여, 두려움, 낙담, 자기관심, 그리고 사회적 불평등에서 비롯된 사회적 열등감이나 사회적 우월성으로 생활한다는 것을 알 수 있다. 따라서 당신의 성공적인 삶을 위해 성공의 일곱 가지 비결인 자기완성 추구, 충분한 자기이해, 자신감, 용기, 격려, 사회적 관심, 그리고 사회적 평등에서 비롯된 상호존중의 태도로 생활하는 것이 필요하다.

3
장

행복한 삶을 위한
성공(SUCCESS)의 의미

3 장

행복한 삶을 위한
성공(SUCCESS)의 의미

누구나 성공하기를 원한다. 개인이 성공하기를 원하는 것은 자신이 원하는 성공이 그에게 행복을 가져다주리라 믿기 때문이다. 이런 점에서 보면 성공은 곧 행복이라 할 수 있다. 다시 말하면, 성공한 사람은 행복한 사람이라고 할 수 있다. 성공(success)이나 행복(happiness)이라는 추상명사의 형용사로 '성공한(successful)'이나 '행복한(happy)'이라는 단어가 있다. 하지만 명사로서 객관적으로 성공한 사람이라는 의미의 '성공인^{成功人}'이나 행복한 사람이라는 의미의 '행복인^{幸福人}'이라는 단어는 존재하지 않는다. 그래서 우리가 주관적으로 생각해서 어떤 사람이 성공적이거나 행복한 삶을 살고 있다고 판단할 때 그런 사람을 성공한 사람, 행복한 사람이라고 부른다. 이렇게 성공이나 행복은 객관적인 준거에 의해 결정된 것이 아니라 개인의 주관적인 판단에 근거한다. 그렇기 때문에 누구나 성공할 수 있고 행복한 삶을 사는 것은 우리가 마음먹기에 달려 있다는 것을 알 수 있다. 이 글을 읽는 당신도 지금 이 순간 '나는 행복한 사람이다.'라고 생각하면 정말 행복한 사람이 될 수 있다. 티베트의 정신적 지도자 달라이 라마(Dalai Lama)가 "행복이란 삶의 목표이며, 삶의 모든 몸짓은 행복을 향해 가는 것이다."라고 말한 것처럼 우리의 삶은 행복 추구의 과정이다.

요즈음 많은 사람들은 부와 권력이 행복을 가져다준다고 믿고 돈과 사회적 지위를 얻기 위해 매진하고 있다. 더불어 어떤 사람들은 수단·방법을 가리지 않고 부와 권력을 쟁취하기 위해 노력하고 있다. 대부분의 사람들은 치열한 경쟁에서 이겨 승리자가 되어야 성공할 수 있다고 믿고 승리를 쟁취하기 위해 안간힘을 쓰고 있다. 그리고 만약 승리하지 못하고 패배하면 낙담되어 심한 좌절감에 빠져 자신이나 사회를 비난하면서 지내는 사람들이 적지 않다. 하지만 불교에서 일체유심조(一切唯心造), 즉 '세상의 모든 일이 마음먹기에 달려 있다.'라고 강조하듯 우리의 행복을 결정하는 것은 개인이 소유한 객관적 준거가 아니라 개인의 주관적 관점에 의존한다는 것을 터득하는 것이 필요하다.

개인의 성공은 사회의 성공이다. 인간은 사회적 존재이기 때문에 사회를 고려하지 않고 결코 개인의 성공을 얘기할 수 없다.

개인의 성공은 소속한 집단의 성공과 밀접하게 관련되어 있다. "뭉치면 살고 헤어지면 죽는다."라는 말처럼 정말 '뭉치면 성공하고 헤어지면 실패한다.' 우리는 사회적 존재로서 주변 사람들과 더불어 자신의 행복을 추구해야 함을 잘 알고 있다. 현재 우리 사회에서 강조되는 비교와 경쟁으로 스트레스를 받고 생활하는 것보다 타인과 협동과 기여하면서 즐겁게 사는 것이 필요하다. 진정한 성공을 위해 우리에게 가장 가까운 사람인 가족구성원, 오랫동안 사귄 친구, 직장에서 함께 일한 동료와의 사회적 관계를 통해 행복감을 느끼면서 생활하는 것이 요구된다. 요즘 적지 않은 사람들이 이러한 친밀한 사회적 관계를 맺지 못하고 고독이나 우울이라는 정신적 고통을 감내하면서 지내고 있다.

우리가 현재 살고 있는 이 지구가 우리에게 행복한 삶을 가능하게 하는 유토피아라고 믿고 자기완성 추구를 위해 노력하는 것이 필요하다. 우리에게 진정한 행복을 위해 어떤 것들이 필요한지를 알아보자. 필자는 영어 단어 SUCCESS(성공)를 모두 글자로 표현한 다음과 같은 일곱 가지, 즉 자기완성 추구, 자기이해, 자신감, 용기, 격려, 사회적 관심, 사회적 평등이 우리에게 필요한 성공의 비결이라고 믿는다.

Striving for superiority: **자기완성 추구**

Understanding oneself: **자기이해**

Confidence: **자신감**

Courage: **용기**

Encouragement: **격려**

Social interest: **사회적 관심**

Social equality: **사회적 평등**

당신이 이러한 일곱 가지 성공의 비결을 달성하려고 노력하면서 생활하면 행복한 사회에서 주변 사람들과 함께 성공적인 삶을 영위할 수 있다고 믿는다. 이러한 일곱 가지 성공의 비결 중에서 자기완성 추구, 자기이해, 자신감, 용기는 인간 이해를 토대로 한 개인적 측면에서 필요한 비결이다. 나머지 세 가지인 격려, 사회적 관심, 사회적 평등은 대인관계 측면에서 성공을 위해 필요한 비결이다. 진정한 성공은 이러한 일곱 가지 성공의 비결을 충족시켰을 때 이루어질 수 있다. 이러한 일곱 가지 성공의 비결은 당신의 성공을 위해 독자적으로 꼭 필요한 비결이면서 각각의 비결은 서로 밀접하게 관련되어 있다. 따라서 우리 각자가 추구하는 성공적인 삶을 위해 일곱 가지 성공의 비결을 균형 있게 개발하는 것이 필요하다.

당신의 성공적인 삶 및 주변 사람들의 행복을 위해 이러한 일곱 가지 내용의 의미를 좀 더 구체적으로 살펴보자.

Striving for superiority: 자기완성 추구

당신의 행복한 삶을 위한 성공의 첫 번째 비결은 우월성 추구(striving for superiority)이다. 당신의 타고난 본능인 자기완성 추구를 위해 최선의 노력을 경주하는 것이 필요하다. 개인의 우월성 추구의 다른 표현은 자기완성 추구, 의미 추구, 성공 추구, 목표 추구, 자기실현 추구 등이다. 아들러는 '우월성 추구'를 인간의 기본적 추동으로 가정하였다. 인간중심치료를 개발한 로저스(Carl Rogers)도 역시 그가 가정한 성격의 명제에서 인간의 기본적 경향성과 추구로서 자기실현 경향성을 다음과 같이 강조하였다. "유기체는 하나의 기본적 경향성과 추구를 가지고 있는데, 그것은 경험하는 유기체를 실현하고, 유지하고, 향상시키는 것이다."(Rogers, 1951)

삶 자체는 발달과 성장을 의미한다. 개인은 독특한 존재로서 나름대로 주관적 관점에서 삶의 의미 추구를 하고 있다. 개인은 나누어질 수 없는 전체적(holistic) 존재로서 자신이 설정한 인생목표를 달성하기 위해 노력하고 있다. 개인이 삶의 과정에서 겪는 도전을 슬기롭게 극복하고 자기완성을 이루기 위해 유기체의 지혜에 따라 슬기로운 선택을 하는 것이 필요하다. 우리는 현재 각자 인생이라는 드라마의 주인공으로서 인생이라는 소설을 쓰고 있다고 말할 수 있다. 당신 자신만이 쓸 수 있는 멋진 인생이라는 소설을 완성하기 위해 매번 현명한 선택을 통해 건설적인 삶이 되도록 최선을 다하는 것이 요구된다.

인간은 자신이 죽는다는 것을 아는 유일한 동물이다. 우리는 우리의 삶이 유한하고 언젠가는 죽게 된다는 것을 잘 알고 있다. 더불어 우리의 삶이 되풀이될 수 없다는 것도 잘 알고 있다. 우리는 각자 이렇게 소중한 삶을 의미 있게 살아야 할 책무를 가지고 있다.

우리에게 삶은 영원한 현재이다. 그래서 지금 이 순간에 우리의 경험을 위한 선택이 중요하다. 현재 살아 있는 유기체로서 우리는 출생(birth)과 죽음(death) 사이에서 선택(choice)을 통해 유기체의 접촉을 통한 단지 한 가지 경험만을 할 수 있다. 당신이 선택의 기로에서 어떤 선택을 하느냐는 전적으로 당신에게 달려 있다. 삶의 추동은 우월성 추구이다. 실존적이며 현상학적 존재로서 당신에게 산다는 것은 다음과 같이 당신만이 달성할 수 있는 우월성 추구의 과정이다.

- 산다는 것은 그 자체로 발달하고 성숙하는 것이다.
- 산다는 것은 열등감을 극복하고 우월성을 추구하는 것이다.
- 산다는 것은 자신이 설정한 인생목표를 달성하기 위해 노력하는 것이다.
- 산다는 것은 독특한 존재로서 자신만이 부여할 수 있는 의미를 추구하는 것이다.
- 산다는 것은 불완전 존재로서 있는 그대로 자기완성을 추구

하는 과정이다.

- 산다는 것은 누가 뭐래도 자신만이 달성할 수 있는 성공을 추구해 가는 과정이다.
- 산다는 것은 자신만이 창조할 수 있는 자기의 완성을 달성하기 위해 노력하는 것이다.

- 삶은 움직임이고 행동이다.
- 우리의 모든 행동에는 목적이 있다.
- 삶은 우리가 꿈꾸는 궁극적 목표를 달성하기 위한 몸부림이다.
- 뜻이 있는 곳에 길이 있다.
- 살아 있는 한 희망이 있다.
- 힘들어도 살아 있어야 꿈을 꿀 수 있고 꿈을 실현할 수 있다.
- 삶은 뜻과 희망과 꿈을 가지고 자기완성을 추구해 가는 과정이다.

우리가 우월성 추구를 달성하기 위해서는 필연적으로 우리가 갖고 있는 열등감을 극복하는 것이 필요하다. 적지 않은 사람들이 자신의 열등감에 사로잡힌 결과로 야기된 열등감 콤플렉스로 자기완성 추구의 과정에서 앞으로 나아가지 못하고 진통을 겪고 있다. 우리는 자기완성을 달성하기 위해서 장애가 되는 자신의 약점이나 열등한 측면을 정확히 직시하여 해결하는 것이 요구된다.

우리 각자는 인생이란 항해의 선장으로서 방황하지 않고 순조로운 항해를 위해 도달해야 할 궁극적 목적지를 설정해야 한다. 개인이 자기실현을 달성하기 위해 나름대로 장·단기 인생 목표를 설정해서 그러한 목표를 달성하기 위해 노력해야 한다.

사람들은 행복한 삶을 추구하면서 생활한다. 행복은 설정된 목적으로서가 아니라 개인이 자신의 인생과제를 수행하는 과정에서 나타난다. 어떤 사람들은 어떻게 사는 것이 행복한 삶인지 그리고 현재 자신의 삶이 행복한 삶인지 의구심을 가지고 생활하고 있다. 지적한 것처럼 행복은 주관적이기 때문에 모든 사람에게 적용될 수 있는 객관적인 준거는 없다. 하지만 현재 자신의 삶이 행복한 삶인지 의아심을 가진 사람들에게 분명히 다음과 같이 말할 수 있다. '당신이 아들러가 제안한 세 가지 인생과제인 일, 사랑, 우정을 원만히 달성해서 대체로 만족한 생활을 하고 있다면 당신은 행복하다.'

Understanding oneself: 자기이해

당신의 행복한 삶을 위한 성공의 두 번째 비결은 자기이해 (understanding yourself)이다. 자기이해를 통해 우월성은 더욱 개발하고 열등감은 적절한 보상을 통해 극복하는 것이 필요하다. 개인은 스스로 자기를 창조해 갈 수 있는 창조적 존재이다. 아들러가 "인간에게 가장 어려운 일은 자신을 알고 자신을 변화시키는 것이다."라고 지적한 것처럼 진정한 변화를 위해 먼저 자기이해가 필요하다. 당신이 갖는 수월성을 개발하기 위해서는 오관의 민감성을 발휘해 자각확장을 통한 자기이해를 하는 것이 요구된다. 당신은 분명히 오관을 통한 알아차림 확장만으로 많은 문제를 해결할 수 있다.

- 삶의 의미 추구를 위해 철저한 자기이해가 선행되는 것이 필요하다.
- 자신의 능력을 개발해 알아야 주어진 역할을 수행할 수 있다.
- 자기를 제대로 알아야 분수에 맞게 살 수 있다.
- 깨침을 통해 자신의 한계를 이해하는 지혜가 필요하다.
- 자신에 부합한 역할을 원만히 수행하기 위해 자신의 잠재력을 개발해야 한다.
- 오관의 자각확장을 통한 자기이해가 필요하다.
- 진아(眞我), 즉 진정한 자기를 찾기 위한 명상이 필요하다.
- 자신의 진정한 성공 추구를 위해 '있는 그대로의 자기이해'가 필요하다.

행복한 삶을 위해 당신이 신체적 및 정신적으로 갖는 강점이나 자질을 정확히 파악하여 개발하는 것이 필요하다. 우월성 추구를 위해 당신이 가지고 있는 신체적 및 정신적 열등감을 정확히 파악하여 적절한 보상을 통해 극복하는 것 역시 필요하다.

당신이 당신답게 살기 위해서는 자기이해를 통해 자신의 잠재력을 개발하는 데 최선을 다해야 한다. 또한 당신이 독특한 존재로서 정체성을 확립해서 오락가락하지 않고 줏대가 있게 생활할 수 있어야 한다. 로저스가 "아이러니하게 진정한 변화는 있는 그대로의 자기가 되려고 할 때 일어난다."라고 말한 것처럼 진정한 변화와 성숙을 위해 자기이해가 선행되어야 한다.

개인은 자신의 생각에 따라 행동한다. 당신은 자신의 경험을 바탕으로 형성한 개인적 관점에 따라 세상을 이해하고 생활한다. "아름다움은 보는 사람의 관점에 따라 다르다(Beauty is in the eye of the beholder)."라는 말처럼 우리의 주관적 생각이 중요하다. 아들러는 개인이 인생 초기에 형성한 '사적 논리(private logic)'에 맞추어 행동한다는 것을 강조하였다. 개인의 모든 행동에는 의도된 목적이 있다. 만약 당신의 자녀가 잘못된 행동을 한다면, 그러한 잘못된 행동이 자녀의 그릇된 사적 논리에 부합한 목적을 위한 표현이라고 말할 수 있다. 따라서 당신이 하는 모든 행동을 이해하기 위해서는 철저한 자기탐구를 통해서 사적 논리에 의해 형성한 독특한 생활양식을 파악하는 것이 중요하다.

Confidence: 자신감

당신의 행복한 삶을 위한 성공의 세 번째 비결은 자신감 (confidence)이다. 당신에게 주어진 삶이 요구하는 인생과제를 해결하기 위해 도전하고 응전할 자신감이 필요하다. 자신감은 자기에 대한 자신감으로 전체로서 자신에 대한 믿음에서 비롯된다. 우리에게 매일매일의 삶은 도전이다. 영어 단어로 confidence(자신감)의 반대어는 diffidence(자신감 없음)이다. 자신감이 없는 사람은 매사에 안절부절못하면서 생활하기 때문에 삶의 요구에 과감하게 도전하지 못한다. 자신감 없는 행동은 언제나 자신감의 결여에서 비롯된다. 흔히 볼 수 있는 부적응적인 행동인 부끄러움이나 수줍은 행동은 자신감의 결여에서 비롯된다. '나는 그걸 할 수 있어.'라고 믿고 생활하는 것과 '나는 그걸 할 수 없어.'라고 자신감 없이 생활하는 것은 분명히 개인의 삶에 엄청난 차이를 초래한다. 개인이 설정한 목적을 달성하기 위해 자신을 믿고 자신감을 가지고 행동할 때만이 그러한 목적을 이룰 수 있다.

- 자신감은 자신에 대한 믿음에서 비롯된다.
- 자신감은 자신에게 주어진 어떤 일을 해낼 수 있다는 신념이다.
- 자신감의 결여는 삶이 부과한 일을 해낼 수 없다는 자신에

대한 불신이다.

- 자신감이 없는 사람은 주저함과 망설임으로 행동하지 못한다.
- 자신감이 없는 사람은 부끄러움으로 도전하지 못한다.
- 자신감이 없는 사람은 머뭇거림으로 귀중한 시간을 소비한다.
- 자신감이 없는 사람은 미리 겁을 먹고 시도하지 못한다.

- 자신감을 가진 사람은 삶의 요구에 과감히 도전한다.
- 자신감을 가진 사람은 회피하거나 도피하지 않고 삶의 요구에 맞설 수 있다.
- 자신감을 가진 사람은 실수하는 것을 두려워하지 않고 시도한다.
- 자신감을 가진 사람은 불완전할 용기를 발휘하며 생활한다.

개인이 자신에 대한 확고한 믿음으로 자신감을 가지고 생활하는 사람은 분명히 자기효능감이 높은 사람이라고 할 수 있다. 그동안 많은 연구를 통해 성공한 사람은 자기효능감이 높다는 것이 입증되어 왔다. 반두라(Albert Bandura)는 자기효능감을 '개인이 어떤 일을 잘 해낼 수 있다는 자신의 능력에 대한 확신'이라고 정의하였다. 순탄치 않는 삶의 도전에 맞서 성공적인 삶을 달성하기 위해 우리에게 정말 필요한 것은 자신감을 갖고 생활하는 것이다. 이런 점에서 가정에서 부모가 자녀에게 "너는 그걸 잘할 수 있어."라고 자신감을 심어 주는 자녀교육이 필요하다. 학교에서도 교사가 학생에게 "너는 그걸 해낼 수 있어."라고 자신감을 불어넣는 인성교육이 요구된다.

Courage: 용기

당신의 행복한 삶을 위한 성공의 네 번째 비결은 용기(courage) 이다. 당신에게 주어진 삶이 요구하는 인생과제를 해결하기 위해 용기가 필요하다. 용기는 우리에게 주어진 인생과제를 달성하도록 행동하게 하는 삶의 추진력이다. 그런 연유로 아들러는 심리적으로 문제가 있는 모든 사람은 용기를 잃고 낙담되어 있다고 하였다. 낙담된 사람은 흔히 우리가 표현하는 기가 꺾여 풀이 죽어 있는 사람이다. 즉, 용기가 결여된 사람은 그의 씩씩하고 활발한 기운인 풀기가 죽어서 삶의 도전에 두려움으로 옴짝달싹 못하고 있다고 말할 수 있다. 우리가 아이들의 기를 살려 주어야 한다는 말도 그들에게 용기를 불어넣어 주어야 한다는 말이다. 호랑이 굴에 잡혀 있어도 용기를 잃지 않으면 살 수 있다는 말처럼 우리가 아무리 어려운 상황에 처해 있어도 용기를 잃지 않으면 주어진 난관을 헤쳐 나갈 수 있다. 흔히 사용되는 생즉사 사즉생(生卽死 死卽生)도 죽을 각오로 용기를 잃지 않고 난관에 맞서면 살고 살려고 두려움으로 도망치면 결국 죽는다는 것으로 용기의 중요성을 강조한 역설적 표현이다.

용기의 반대는 두려움이다. 즉, 용기가 결여된 사람은 두려움으로 떨면서 삶의 도전에 맞서지 못하고 회피하거나 도피하는 사람이다. 인류의 역사가 도전과 응전으로 점철되어 있는 것처럼 개인의 삶도 끊임없는 도전과 응전의 과정임에 틀림없다. 우리가 용기를 가지고 삶의 요구에 맞서 도전하고 응전해야 원하는 자기실현의 반열에 설 수 있다. 반면에 두려움에 사로잡혀 삶의 요구에 회피하거나 도피하면 결코 원하는 성공 추구를 이룰 수 없다.

- 용기의 결여는 두려움이다.
- 용기는 행동하게 하지만 두려움은 행동하지 못하게 한다.
- 용기는 어려움을 헤쳐 나가게 하지만 두려움은 어려움에 맞서지 못하게 한다.
- 용기는 도전하게 하지만 두려움은 도피하게 만든다.
- 용기는 삶의 에너지를 충전시키지만 두려움은 삶의 에너지를 방전시킨다.
- 용기는 성공 추구의 원동력을 발휘하게 한다.

우리에게 무엇보다 필요한 용기는 자신을 있는 그대로 수용하고 사랑할 수 있는 '불완전할 용기(courage to be imperfect)'이다. 우월성 추구를 위해 정말 불완전할 용기가 필요하다. 사람들의 실수나 실패를 용인하지 않고 완전을 추구하는 사회적 현상 속에서 '불완전할 용기'를 강조하는 것이 이상하게 들릴 수 있다. 하지만 경쟁적 사회적 분위기 속에서 완전을 추구하며 실수나 실패로 쉽게 좌절하고 두려움에 사로잡힐 수 있는 사람들에게 '불완전할 용기'는 진정한 변화를 위한 패할 수 없는 용기이다.

Encouragement: 격려

당신의 행복한 삶을 위한 성공의 다섯 번째 비결은 격려(encouragement)이다. 당신이 낙담되어 풀이 죽어 당신에게 주어진 삶의 요구에 맞서지 못할 때 정말 격려가 필요하다. 격려는 말 그대로 용기를 갖게 하는 것이다. 격려의 반대는 낙담(discouragement)이다. 낙담은 용기를 잃게 하는 것이다. 낙담된 사람은 자신감을 상실하고 자신의 열등감을 극복할 의지를 보이지 않는다. 아들러의 개인심리학을 보급한 대표적 인물인 드레이커스(Rudolf Dreikurs)는 "식물에게 물과 태양이 필요하듯 인간에게 격려가 필요하다."라는 표현을 통해 격려의 중요성을 강조하였다.

아들러식 치료자인 크로츠(Krausz)는 "참아 내지 못하는 사람은 환자가 된다(A person who is impatient remains a patient)."라는 표현으로 낙담되어 환자가 된 사람들을 빗대어 얘기하면서 격려의 필요성을 지적하였다. 대부분의 사람들은 대체로 어떤 일에 탐닉하게 되어 긍정적 중독이나 부정적 중독에 빠질 가능성을 가지고 있다. 급변하는 사회에서 살아남기 위해 열심히 그리고 힘들게 노력하는 과정에 있는 우리를 유혹하는 많은 것들이 산재해 있다. 분명히 당신을 유혹하는 것들을 참아 내지 못하고 빠져들면 당신이 정말 환자가 된다는 것을 명심했으면 한다.

- 격려의 반대는 낙담이다.
- 격려는 도전할 용기를 갖게 하는 촉진제이다.
- 격려는 좌절의 구렁텅이에서 벗어나 희망을 갖게 한다.
- 격려는 자신감을 갖고 행동하도록 내적 동기를 유발한다.
- 격려는 침체의 늪에서 벗어나도록 행동하게 하는 동인이다.

- 격려는 정말 칭찬과 다르다.
- 당근이 채찍보다 나은 것처럼 칭찬이 처벌보다 좋다.
- 처벌하지 말고 칭찬하라.
- 격려는 칭찬과 다르고 칭찬보다 좋다.
- 칭찬은 사람들을 낙담시킬 수 있지만 격려는 낙담된 사람에게 필요하다.
- 칭찬하지 말고 격려하라.

- 격려하며 사는 행복한 사회를 만들자.
- 격려를 통해 우리 모두가 신바람 나게 생활할 수 있는 가정, 학교, 직장을 만들자.

우리가 실수하거나 실패했을 때 대체로 우리 자신을 자책한다. 역시 부모로서 자녀가 잘못했을 때 대체로 비난하기 일쑤이다. 다시 말하면, 우리는 자책하거나 비난하기를 통해 실수나 실패로 낙담된 자신이나 타인을 더욱 낙담시킨다. 이러한 이유는 우리가 오랫동안 행동의 결과에 따라 잘했을 때는 칭찬을 받지만, 못했을 때는 처벌을 받아 왔기 때문이다. 오랫동안 지켜온 습관을 바꾸는 것은 분명히 쉽지 않다. 하지만 당신 자신이나 자녀가 실수하거나 실패했을 때 변화와 성장을 위해 정말 필요한 것은 자책이나 비난이 아니라 격려라는 것을 명심했으면 한다.

Social interest: 사회적 관심

당신의 행복한 삶을 위한 성공의 여섯 번째 비결은 사회적 관심(social interest)이다. 당신이 사회적 존재로서 타인과 함께 협동하고 기여하면서 당신에게 주어진 인생과제를 해결해 가는 데 사회적 관심이 필요하다. 사회적 관심의 비슷한 표현은 공동체감, 공동체 소속감, 이웃사랑, 공감 등이다. 아들러는 인간이 사회적 존재로서 사회적 관심을 타고났다고 보았다. 우리는 태생부터 타인과 더불어 부대끼며 삶의 질곡을 헤쳐 나가도록 사회적 관심을 가지고 태어났다. 높은 사회적 관심을 가진 사람은 가정, 학교, 직장에서 타인과 협동하고 기여하면서 생활한다. 반면에 낮은 사회적 관심을 가진 사람은 타인을 배려함 없이 비교와 경쟁을 통해 자신의 이익만을 위해 행동한다. 이런 점에서 아들러는 개인의 사회적 관심의 수준을 정신건강의 준거로 사용하였다.

- 사회적 관심은 타인과 함께 희로애락을 느끼며 살게 하는 삶의 윤활유이다.
- 사회적 관심은 이기심이 아니라 애타심이다.
- 사회적 관심은 집단에 기여하고 협동하는 것이다.
- 사회적 관심은 타인과 공감적 관계를 맺는 것이다.
- 사회적 관심은 집단에 대한 소속감이며 사랑이다.

사회적 관심이 타고난 잠재력이기 때문에 부모가 교육을 통해 자녀가 적절한 수준 이상으로 사회적 관심을 개발할 수 있도록 지도하는 것이 필요하다. 아동기에 생활양식이 거의 형성되기 때문에 자녀의 사회적 관심의 함양을 위해 부모 역할은 막대하다고 할 수 있다.

인간은 사회적 존재이기 때문에 혼자서는 살 수 없다. 개인이 혼자서 생활할 수는 있겠지만 결코 행복한 삶을 영위할 수 없다. 우리가 타인과 더불어 자기완성 추구를 하면서 행복하게 생활하기 위해 사회적 관심을 개발하는 것이 필요하다.

Social equality: 사회적 평등

당신의 행복한 삶을 위한 성공의 일곱 번째 비결은 사회적 평등(social equality)이다. 당신이 사회적 존재로서 타인과 함께 인생과제를 해결해 가는 데 있어 사회적 열등감을 느끼지 않고 생활하기 위해서 사회적 평등이 필요하다. 개인이 자신의 성공 추구를 위해 사회적 평등의 태도를 견지하면서 타인과 더불어 생활하는 것이 필요하다. 민주적 사회에서 인간으로서 모든 사람의 사회적 지위는 동등하다. 사회적 평등은 인간으로서 모든 사람의 사회적 지위가 동등함을 의미한다. 좀 더 쉽게 설명하면 사회적 평등은 빈부귀천이나 남녀노소에 의한 수단에 의해 인간으로서 사회적 지위가 차별되지 않고 동등하다는 것을 의미한다.

우리가 겪고 있는 대부분의 크고 작은 심리적 문제의 원천은 인간관계의 갈등에서 비롯된 불안이다. 사람들은 각기 가정에서의 부부갈등, 부모와 자녀 간의 갈등, 학교에서 교사와 학생

간의 갈등, 학생과 학생 간의 갈등, 그리고 직장에서 관리자와 직원 간의 갈등, 직원과 직원 간의 갈등 등을 경험하며 생활한다. 이러한 대인관계의 갈등에서 비롯된 사회적 문제나 심리적 불안을 해결하는 데 가장 중요하게 요구되는 것은 상호존중이다. 그리고 진정한 상호존중은 사회적 평등에서 비롯된다. 필자는 상담심리학자로서 현재 많은 사람이 겪고 있는 심리적 문제가 사회적 불평등에서 비롯된 사회적 열등감이나 사회적 우월감 때문이라고 확신한다.

- 사회적 평등의 반대는 사회적 불평등이다.
- 사회적 평등은 인간으로서 모든 사람의 사회적 지위가 동등함을 의미한다.
- 사회적 평등은 상호존중에 선행한다.
- 상호존중의 인간관계는 사회적 평등에서 비롯된다.

- 사회적 열등감은 사회적 불평등에서 비롯된다.
- 사회적 열등감은 사람들 간의 불평등 관계에서 나타나는 사회적 수모이다.
- 사회적 갈등은 사회적 불평등에서 야기된다.
- 지배와 복종 관계는 사회적 불평등에서 비롯된다.
- 진정한 민주주의 실현은 사회적 평등에 따른 상호존중에 의존한다.

- 사회적 열등감을 극복하기 위해 사회적 평등의 실현이 필요하다.
- 사회적 관계에서 비롯된 갑질행위의 원천은 사회적 불평등의 태도이다.

우리는 지금 인간이 만들어 낸 가장 이상적인 정치체제인 민주주의 제도하에 살고 있다. 진정한 민주적 사회의 실현은 모든 사람의 사회적 지위가 동등함을 의미하는 사회적 평등이 달성될 때라고 믿는다. 왜냐하면 앞으로 더 진화된 민주적 사회에서 사회적 평등이 달성된다면 모든 인간관계가 상호존중의 자세로 이루어지기 때문이다.

사회적 평등이 구현되는 진정한 민주적 사회로 진화하는 과정에서 많은 진통이 일어나고 있다. 최근 우리 사회에서 중요한 사회적 문제로 진행되고 있는 갑질논란은 그러한 논란에 휩싸인 사람들이 사회적 평등의 태도가 아니라 사회적 불평등의 태도로 상대방의 권리를 무시한 데서 비롯된 문제이다.

우리 모두가 서로 존중하면서 성공 추구를 달성하기 위해서 자신이 소속한 가정, 학교, 직장에서 사회적 평등의 태도로 생활하는 것이 필요하다. 실제로 구시대적인 사고방식을 가지고 사는 사람들이 가진 사회적 불평등 태도에 기인해서 많은 부적절한 일이 일어나고 있다. 우리가 사회적 평등의 태도로 타인을 존중할 때 이러한 문제들을 해결할 수 있다.

가족구성원들이 모두 사회적 평등의 태도로 생활하는 진정한 민주적 가정에서는 서로가 상호존중하기 때문에 부부갈등이나 가정폭력인 부부폭력, 아동학대 등의 문제가 발생하기가 어려울 것이다.

학교구성원들인 교사와 학생들이 사회적 평등의 태도로 생활하는 진정한 민주적 학교와 학급에서는 구성원들이 서로 상호존중하기 때문에 교사가 학생에게 가하는 벌주기나 체벌, 학생과 학생 간의 폭력 등 학교폭력이 일어나기가 힘들 것이다.

직장구성원들이 사회적 평등의 태도로 생활하는 진정한 민주적 직장에서는 구성원들이 서로 상호존중하면서 생활한다. 그렇기 때문에 요즘 많이 발생하는 직장상사가 직원에게 가하는 갑질행위, 동료 간의 갈등 등 직장 내에서 사회적 불평등 태도에 기인해서 일어나는 많은 문제를 예방할 수 있다.

4
장

첫 번째 성공의 비결:
자기완성 추구

4 장

첫 번째 성공의 비결:
자기완성 추구

인간은 살아 있는 한 꿈을 꾸며 자신의 꿈을 실현시키기 위해 노력하는 존재이다. 모든 행동에는 목적이 있다. 심지어 우리가 잠을 자면서 꾸는 꿈에도 목적이 있다. 자기완성 추구는 성공 추구이다. 이런 점에서 성공을 추구하며 사는 사람은 성공이라는 꿈의 목적을 달성하기 위해 노력하면서 살고 있다고 할 수 있다.

우리 각자는 나름대로 삶의 의미 추구를 하며 삶을 영위하고 있다. 산다는 것은 발달하고 성숙하는 것을 의미한다. 개인심리학의 창시자인 아들러(Adler)는 "개인의 자기완성 추구는 타고난 동기"라고 하였다. 즉, 삶의 타고난 역동적 추진력은 전체로서 자기완성을 추구하는 것이라고 주장하였다. 또한 행복한 삶을 위해 그는 인간이 사회적 존재로서 타고난 잠재력인 공동체의 소속감인 사회적 관심을 개발할 것을 강조하였다. 아들러가 강조한 개인심리학을 떠받치고 있는 두 주춧돌이 '자기완성 추구'와 '사회적 관심'이다. 인간은 사회적 존재로서 사회적 관심 없이 자기완성을 달성할 수 없다. 아들러는 "삶의 의미는 개인 각자에 의해 창조되어야 한다."라고 하였다. 더불어서 그는 "사회적 관심은 삶의 의미를 결정하는 데 큰 몫을 차지한다."라고 하였다. 이런 점에서 당신의 자기완성 추구는 타인과 협동하고 사회에 기여하면서 이루어진다는 것을 명심했으면 한다.

Striving for superiority: 자기완성 추구
Understanding oneself: 자기이해
Confidence: 자신감
Courage: 용기
Encouragement: 격려
Social interest: 사회적 관심
Social equality: 사회적 평등

삶은 진행되는 과정이며 삶 자체가 의미이다. 우리의 삶은 의미 추구의 추동에 의해 작동된다. 개인은 독특한 존재로서 자신의 주관적 관점에 따라 삶을 영위하고 있다. 삶의 주체로서 모든 개인은 각자 자신이 설정한 삶의 목표인 자기완성을 달성하기 위해 매진하고 있다. 의미 추구를 하는 독특한 존재로서 당신은 있는 그대로 참 훌륭하다.

- 삶의 추동은 의미 추구이다.
- 그래서 삶 자체가 의미 추구이다.
- 삶의 추동은 불완전한 존재로서 자기완성 추구이다.
- 삶의 추동은 목표 추구이다.
- 삶의 추동은 불완전한 존재로서 우월성 추구이다.
- 삶의 추동은 열등감 극복이다.
- 삶의 과정은 열등감을 극복하는 과정이다.

- 당신의 왼쪽 가슴 위에 손을 얹어 심장이 뛰는 것을 느끼라.
- 당신의 심장이 뛰는 것은 당신이 살아 있다는 것이다.

- 심장은 용기를 의미한다.
- 심장이 뛰는 것은 개인이 발휘할 용기를 가지고 있다는 것을 의미한다.
- 삶은 끊임없는 움직임, 즉 활동이다.
- 삶은 용기의 실현이다.

- 하트, 심장은 사랑이다.
- 당신의 심장이 뛰는 것은 당신이 베풀 사랑이 있다는 것을

말한다.

- 삶은 사랑의 실천이다.

당신만이 쓸 수 있는 인생이라는 소설

아들러의 인간에 대한 기본 철학은 '허구적 최종목적론 (fictional finalism)'이다. 허구적 최종목적론이라는 개념을 이해하기 위해서는 아리스토텔레스(Aristotle)의 목적원인(final cause)과 독일의 철학자인 바이힝거(Hans Vaihinger)가 자신의 저서 『마치 ~처럼의 철학(The philosophy of As If)』에서 제안한 개념인 허구 (fictions) 혹은 상상(imaginations)이라는 개념을 이해하는 것이 필요하다. 왜냐하면 아들러가 아리스토텔레스의 목적론과 바이힝거의 개인적 아이디어인 허구라는 개념을 절묘하게 조합하여 허구적 최종목적론을 확립하였기 때문이다.

아들러는 바이힝거처럼 실증적 이상주의자로서 낙관주의적 관점에서 삶의 과학을 개발하였다. 그리고 상대주의자로서 내담자와 상담 및 심리치료에서 자신의 의견이 틀릴 수 있다는 가정을 전제로 내담자의 견해를 물으면서 내담자를 조력하였다. 또한 아들러는 현재 강조되는 포스트모더니즘에 분류되는 구성주의자 상담접근의 선두 주자로서 인간을 현상학적 관점에서 이해하려고 노력하였다. 즉, 그는 개인이 독특한 존재로서 주관적 관점에서 자신이 설정한 삶의 의미 추구를 위해 노력하고 있다고 믿었다.

필자는 아들러의 철학인 허구적 최종목적론의 의미를 "개인 각자는 자신만이 쓸 수 있는 인생이란 소설을 쓰고 있다."라는 표현으로 설명하곤 한다. 개인의 모든 행동에는 목적이 있다. 역시 개인은 인생의 책임자로서 자기가 설정한 인생의 목적을 달성하기 위해서 행동하고 있다. 좀 더 쉽게 말하면 당신은 인생이란 무대의 주인공으로 인생목표를 달성하기 위해 일거수일투족의 행동을 하고 있다고 말할 수 있다.

당신만이 쓸 수 있는 인생이라는 소설을 멋지게 쓰기 위해 먼저 전체적인 삶에 대한 조망 속에서 달성하고자 하는 궁극적 인생목표를 설정하는 것이 필요하다. 그런 다음 목적의 달성을 위해 당신 자신의 능력으로 실현가능한 현실적 계획을 세워 부단한 노력을 기울여야 한다. 현재 및 앞으로의 성공적인 삶을 위해 지금까지 당신이 살아왔던 경험을 통해 터득한 지혜를 유용하게 사용해야 한다. 게슈탈트치료를 개발한 펄스는 "과거는 이미 지나가 버렸고 미래는 아직 도래하지 않았다. 오직 우리에게는 현재밖에 없다."라는 말로 현재의 중요성을 강조하였다. 지나간 과거에 대해 너무 집착하거나 미래에 대한 걱정으로 현재 하는 일을 소홀히 해서는 안 된다.

열등감 극복을 통한 자기완성 추구

우리는 누구나 열등한 신체적 및 정신적 측면을 가지고 있다. 당신이 가지고 있는 열등감을 극복하기 위해 먼저 정확히 자신의 열등성이 무엇인지 파악하는 것이 필요하다. 인간은 개인차를 가지고 태어난 독특한 존재이다. 인간이해에는 하나의 진리가 존재한다는 잘못된 가정이 오랫동안 지배해 왔지만, 이제는 이러한 절대주의(absolutism)에서 벗어나 상대주의(relativism) 입장에서 자신을 이해하는 것이 요구된다. 우리 주변에 만연해 있는 비교와 경쟁의 늪에서 벗어나 있는 그대로의 자신을 이해하고 수용하는 것이 필요하다. 자신을 직시해서 자신의 열등한 측면을 정확히 파악해서 극복하는 것이 열등감 콤플렉스에서 벗어나는 길이다. 이런 점에서 아들러는 "사람이 된다는 것은 자신이 열등하다는 것을 느끼는 것을 의미한다."라고 하였다.

아들러가 우월성 혹은 자기완성 추구를 삶의 기본적 추동이라고 주장한 것도 우리가 가진 열등성을 극복해야 함을 의미한다. 다시 말하면, 개인은 삶의 과정에서 자신의 열등감을 극복하기 위해 끊임없이 노력하고 있다는 것이다. 이러한 열등감을 극복하기 위해 무엇보다 필요한 것은 있는 그대로의 내가 될 용기인 '불완전할 용기'이다. 불완전할 용기는 실수나 실패로 좌절에 빠지지 않고 불완전한 존재로서 우리 자신을 수용하고 사랑하게 하는 패할 수 없는 용기이다. 당신이 불완전한 인간으로서 많은 열등함이 있음에도 불구하고 '나는 있는 그대로로 충분히 훌륭하다.'고 자신을 격려하면서 사는 것이 필요하다.

타인과 함께 자기완성 추구

아들러는 사람들의 정신건강을 판단하는 준거로서 사회적 관심의 정도를 사용하였다. 즉, 그는 사회적 관심이 높은 사람은 협동과 기여의 정신으로 타인을 배려하면서 정신적으로 건강하게 생활한다고 여겼다. 반면에 사회적 관심이 낮은 사람은 자기 이익만을 생각하는 이기주의자로 타인을 해치면서 생활한다고 보았다. 사회적 관심은 타인에 대한 배려이며 공감이다. 아들러는 "사회적 관심은 상대방의 눈으로 보고, 상대방의 귀로 듣고, 상대방의 마음으로 느끼는 것을 의미한다."라고 하였다.

가정에서 가족구성원 각자가 소속감, 즉 사회적 관심을 갖고 서로 배려하면서 생활할 때 가정의 화목과 평화를 이룰 수 있다. 부모는 가족의 선장으로서 민주적인 부모 역할을 통해 자녀의 사회적 관심을 함양하도록 노력해야 한다.

학교에서 학생 각자가 급우들과 비교와 경쟁보다 서로 협동과 기여하는 마음, 즉 사회적 관심을 갖고 생활할 때 행복한 학교생활을 할 수 있다. 교사는 학급의 선장으로서 민주적 교사 역할을 통해 학생들의 사회적 관심을 고취할 수 있도록 애써야 한다.

직장에서 구성원 각자가 동료들과 함께하는 마음, 즉 사회적 관심을 가지고 생활할 때 신바람 나는 직장생활을 할 수 있다. 관리자는 직장의 선장으로서 민주적 지도력을 발휘해서 직원들이 높은 사회적 관심을 가지고 동료들과 함께 신바람 나게 직장생활을 할 수 있는 분위기를 조성할 책무를 가진다.

목적론적 존재로서 자기완성 추구

- 인간은 목적론적 존재이다.
- 우리는 목적론적 존재이다.
- 우리의 목적 추구는 타고난 추동이다.
- 우리는 목적 추구를 위해 행동하고 있다.

우리를 다소 혼란스럽게 하는 질문을 가지고 생각해 보자. 우리는 먹기 위해 사는가, 아니면 살기 위해 먹는가? 당신은 어떻게 생각하는가? 우리는 살기 위해 먹는다. 우리는 운동하기 위해 사는가, 아니면 살기 위해 운동하는가? 우리는 살기 위해 운동한다. 인간이 목적론적 존재라는 측면에서 보면, 쉽게 우리가 먹기 위해 사는 게 아니라 살기 위해 먹는다고 말할 수 있다. 우리의 삶에는 목적이 있다. 우리는 단순히 살기 위해 살지 않는다. 우리는 삶이 요구하는 목적을 달성하고 살기 위해 산다.

- 우리의 삶은 행동이다.
- 우리의 모든 행동에는 목적이 있다.
- 우리의 삶에는 목적이 있다.

- 우리는 먹기 위해 살지 않는다.
- 우리는 살기 위해 먹는다.
- 우리는 단순히 살기 위해 살지 않는다.
- 우리는 삶의 목적을 달성하고 살기 위해 산다.

- 우리는 운동하기 위해 살지 않는다.
- 우리는 살기 위해 운동한다.
- 우리는 단순히 살기 위해 살지 않는다.
- 우리는 삶의 목적을 달성하고 살기 위해 산다.

필자는 지금 시골 전원주택에서 아내와 단둘이서 살고 있다. 우리 집에는 내가 돌보는 동물인 해피(애완견)와 초롱이(앵무새)가 있다. 럭키(애완견)와 노랑이(앵무새)도 있었다. 럭키는 6개월쯤 됐을 때 잘 키워 줄 수 있는 주인을 찾아 다른 집으로 보냈다. 가끔 해피를 보면서 럭키 생각이 나곤 한다. 노랑이는 잠깐 새장 문을 열어 둔 상태에서 새장 밖으로 날아가 버렸다. 아마도 새장에서 먹이를 주고 키운 새라 오래 살지 못하고 죽었으리라 생각한다. 갓난아이처럼 눈도 뜨지 않는 해피를 석가탄신일이었던 2013년 5월 17일에 데려다가 지금까지 키워 오고 있다. 뉴스에 따르면 한국에서는 반려견이 법으로는 물건이라고 한다. 살아 있는 유기체가 물건이라고 하니 법이 상식에 맞지 않는 것 같다. 그리고 상식에 부합하지 않는 법은 고쳐져야 한다고 생각한다. 아무튼 나는 해피와 초롱이가 생존할 수 있도록 돌보는 데 꽤 많은 시간을 사용해 왔다.

- 해피와 초롱이는 살기 위해 먹는다.
- 해피와 초롱이는 먹기 위해 살지 않는다.
- 나는 해피와 초롱이가 살도록 음식을 준다.
- 내가 음식을 주지 않으면 해피와 초롱이는 죽는다.
- 나는 해피와 초롱이가 죽지 않도록 음식을 준다.
- 나는 해피와 초롱이가 어떤 목적을 가지고 사는지 모른다.
- 하지만 나는 내가 가진 삶의 목적을 알고 달성하려고 노력하고 있다.
- 우리 각자는 삶이 요구하는 의미 추구를 위해 살고 있다.

우리는 열등한 존재로 이 세상에 왔다. 막 태어난 갓난아이를 상상해 보라. 갓난아이는 부모의 돌봄 없이는 존재할 수 없다. 갓난아이는 불완전하고 열등한 존재로 부모의 양육 없이는 삶이 불가능하다. 갓난아이는 부모의 도움 없이는 삶을 유지할 수 없다. 우리의 삶을 유지하게 한 부모님에게 고마워하고 입은 은혜를 갚도록 노력해야 한다. 갓난아이는 부모를 보고 자신이 얼마나 열등한 존재인가를 자각하기 시작한다. 갓난아이가 성장해 가면서 자신보다 우월한 부모, 형이나 누나, 그리고 다른 성인을 보면서 그들처럼 우월해지려고 노력한다. 아들러는 "사람이 된다는 것은 자신이 열등하다고 느끼는 것을 의미한다."라고 하였다.

우리가 가진 열등감을 극복하고 우월성을 추구하는 추동이 삶을 가능하게 한다. 우월성 추구가 없으면 삶이 중단된다. 아들러가 인간의 생존을 가능하게 하는 유일한 추동으로 가정한 것이 자기완성 추구이다.

5
장

두 번째 성공의 비결:
자기이해

5장

두 번째 성공의 비결:
자기이해

자기이해를 위해 불완전한 존재로서 인간에 대한 이해가 필요하다. 인간이란 무엇인가? 아들러(Adler)는 인간이 무엇인지에 대한 이해 및 발견을 바탕으로 개인심리학을 개발하였다. 아들러의 개인심리학은 인간의 삶이 무엇인지를 밝히려는 삶의 과학이다. 개인심리학은 삶의 신비스러운 창조적 힘을 이해하려는 노력에서 비롯된 삶의 과학이다. 아들러는 인간을 전체론적 존재, 목적론적 존재, 사회적 존재, 현상학적 존재, 창조적 존재로 이해하였다.

우리는 어디에서 왔는가? 우리는 부모로부터 이 세상에 왔다. 우리의 부모는 우리에게 삶을 가능케 하는 생명을 주었다. 삶은 신비롭다. 부모가 우리에게 신비로운 삶을 주었다. 우리는 신비로운 삶을 가능케 한 부모에게 감사해야 한다. 우리는 부모에게 자식으로서 도리를 다하는 것이 필요하다. 부모는 사회이다. 우리는 부모로부터 사회성인 사회적 관심을 가지고 태어났다. 우리는 사회적 관심을 가지고 이 세상에 던져졌다. "나를 알고 적을 알면 결코 패배할 수 없다."라는 말처럼 자신의 성공을 위해 무엇보다 먼저 자신을 아는 것이 필요하다.

Striving for superiority: 자기완성 추구

Understanding oneself: 자기이해

Confidence: 자신감

Courage: 용기

Encouragement: 격려

Social interest: 사회적 관심

Social equality: 사회적 평등

소크라테스(Socrates)가 지적한 "너 자신을 알라."라는 말은 여전히 삶의 주체인 우리에게 던져진 심오한 명제이다. 그는 또한 "삶의 의미가 무엇인지 조사되지 않는 삶은 의미 없는 삶이다."라고 지적하였다. 더불어 그는 개인 각자가 끊임없이 '삶의 의미는 정말 무엇인가?'라고 자문하면서, 삶의 의미를 찾으며 삶을 영위하기를 간절히 원했다. 철학의 아버지라 불리는 소크라테스와 그의 제자인 플라톤(Plato)은 개인이 각자 삶의 의미를

찾으면서 현명한 삶을 위해 끊임없이 노력하는 '지혜-추구자(wisdom-seeker)'가 되기를 원했다.

우리는 각자 자신의 성공 추구를 위해 노력하고 있다. 우리는 나름대로 자신이 설정한 삶의 목표를 달성하기 위해 애쓰고 있다. 개인은 각자 자신의 성장을 위한 변화에 많은 관심을 기울이면서 생활하고 있다. 삶의 주체로서 개인은 각자 진정한 변화를 위해 나름대로 고뇌하며 몸부림치고 있다. 현대사회에서 대중매체가 개개인의 삶에 미치는 영향은 막대하다. 우리 각자에게 미치는 대중매체의 부정적인 측면 중에서 가장 경계해야 할 것 중의 하나는 개인의 정체감을 상실케 하는 것이다. 프롬(Eric Fromm)이 그의 저서 『자유로부터의 도피(Escape from Freedom)』에서 지적한 것처럼, 많은 사람은 그들에게 주어진 자유를 지향해서 생활하기보다 도피기제인 자동적 동조를 사용해서 자신의 정체감을 상실한 몰개성적 삶을 살고 있다.

정말 우리에게 주어진 삶을 슬기롭게 살아가기 위해 우리는 지혜-추구자가 되는 것이 필요하다. 우리가 삶의 여정에서 계속해서 지혜-추구자가 되어야 한다는 것을 보여 주는 영어 표현이 있다. "자신이 현명하다고 생각하는 사람은 정말 바보이다(Someone who thinks himself or herself wise is a great fool)."라는 속담이다.

게슈탈트치료를 개발한 펄스(Frits Perls, 1893~1970)는 변화를 위해 유기체의 지혜를 믿고 강조하였다. 그는 진정한 변화를 위해 특히 유기체의 접촉을 통한 자각(awareness), 알아차림이 필요함을 주장하였다. 인간중심치료를 개발한 로저스(Carl Rogers, 1902~1987)도 역시 유기체의 지혜를 믿고 실천적 경험으로서 그것을 입증하였다. 그는 "경험은 나에게 최고의 권위이다."라고 주장하면서 자신의 경험과 내담자들과의 수많은 상담경험을 통해 경험의 중요성을 강조하였다.

아리스토텔레스(Aristotle)는 "모든 개별적 실체는 자기-내재적인 목적론적 체계이다."라고 하였다. 즉, 모든 개체가 그 나름대로 자신의 목적을 가지고 존재한다는 것이다. 모든 살아 있는 생명체는 주어진 상황에서 생존을 위해 그리고 자신이 가진 목적을 달성하기 위해 나름대로 자신의 지혜를 발휘하고 있다. 유기체로서 우리의 진정한 변화와 성장은 살아 있는 생명체, 즉 유기체의 지혜를 발휘할 때 일어난다. 독일의 철학자 바이힝거(Hans Vaihinger, 1852~1933)는 그가 저술한 『마치 ~처럼의 철학(The philosophy of As If)』을 통해 개인의 사적 견해인 허구(fictions)의 중요성을 강조하였다. 아들러는 아리스토텔레스의 목적론과 바이힝거의 허구이론을 결합하여 인간에 대한 철학적 관점으로 '허구적 최종목적론'이라는 입장을 취하였다. 아들러는 허구적 최종목적론을 통해 개인이 독특한 존재로서 자신이 창조한 허구적인 궁극적 목표를 달성하기 위해 노력하고 있다고 생각하였다.

아들러가 개발한 개인심리학에 근거한 성공 추구를 위해 자

기이해가 필요하다. 더불어서 불완전한 존재로서 자신에 대한
이해와 수용이 요구된다.

자기완성 추구를 위한 자기이해

아들러가 "인간이 행하는 가장 어려운 일은 자신을 알고 자신
을 변화시키는 것이다."(Adler, 1927, p. 11)라고 지적한 것처럼,
우리는 변화를 위해 먼저 우리 자신을 아는 것이 필요하다. 연
약한 존재로서 인간은 자신이 가진 신체가 강하고 날카로운 이
빨과 발톱을 가진 다른 맹수에 비해 열등함을 직시하고 위협적
인 환경 속에서 열등함을 극복하고 생존할 수 있는 방법을 찾아
왔다. 인류의 생존과 번창을 위해 인간이 발견한 지혜 중에서
가장 위대한 지혜는 공동체를 이루어 타인들과 협동하고 기여
하는 '더불어 사는 지혜'이다. 연약한 존재인 인간이 만물의 영
장이 된 것은 사회적 존재로서 사회공동체를 이루어 타인과 함
께 외부의 적을 물리치면서 생존의 기술을 개발해 온 덕분이다.
아이러니하게도 외부의 적을 물리치면서 생존해 온 인간에
게 가장 최악의 적이 인간 자신이 되어 버렸다. "당신의 최악의
적은 당신 자신이다(Your worst enemy is yourself)."라는 말을 되
새기면서 자기이해를 통한 당신의 진정한 변화와 성숙을 위해
자신을 파괴시키는 나쁜 습관을 바꾸어야 한다. 우리는 지혜로

운 삶을 위해 냉정한 자세로 정확하게 우리 자신을 이해하는 것이 필요하다. "진실처럼 상처를 주는 것은 아무것도 없다 (Nothing hurts like the truth)."라는 속담처럼 누구나 자신에 대한 불쾌한 진실을 발견하게 되면 고통을 느낀다. 개인이 자신의 약점이나 열등감을 있는 그대로 인정하고 수용하는 것은 분명히 고통스러운 일이다. 하지만 우리 자신이 가지고 있는 열등함을 새롭게 알고 직면하면서 느끼는 고통이 없이는 성장이 없다. 우리는 진실을 발견하면서 아픈 상처나 고통을 느낀다. 그런 연유로 사람들은 자신을 있는 그대로 보지 않고 이해하지 않으려고 한다. 개인이 무의식에 숨겨 버린 사실을 직면하지 않으려고 하는 것도 진실 발견과 더불어 겪게 되는 고통 때문이다.

대부분의 사람들에게 아마도 가장 큰 공포는 죽음의 공포이다. 우리는 출생과 더불어 죽음을 갖고 태어난 유한한 존재라는 것을 잘 알고 있다. 인간은 자신이 죽는다는 것을 아는 유일한 동물이다. 죽음의 공포를 해결하는 최선의 방법은 인간 존재의 이해를 바탕으로 우리 모두가 언젠가는 맞이해야 할 죽음을 수용하는 것이다.

병원에서 진단을 받고 의사로부터 직접 혹은 가족구성원을 통해 '암 말기'라는 말을 전해 듣는 순간 대부분의 사람들은 조만간에 닥쳐올 죽음의 공포로 충격을 받으리라 본다. 이런 사람들은 가까운 미래에 일어날 죽음의 공포를 극복하고 마음의 평정을 얻기까지 제각기 다양한 행동을 보인다. 분명한 것은 가능한 한 빨리 담담하게 죽음을 수용하고 맞이할 준비를 할 수 있는 사람이 마음의 평화를 빨리 갖게 된다는 사실이다. 게슈탈트 치료를 발견한 펄스는 "불안은 현재와 미래 간의 긴장이다."라고 하였다. 마찬가지로 죽음의 공포도 먼 미래에 일어날 것으로 생각하고 망각하고 현재에 집중해서 생활하다가 가까운 미래에 다가올 죽음이 갑자기 주요한 게슈탈트로 나타나서 비롯된 것이다. 공포 역시 현재와 미래의 긴장에서 비롯된다. 즉, 자신에게 일어날 죽음에 대한 예기공포가 자신의 주요한 현안으로 부각되어 현재의 생활에 집중하지 못하게 작동한다.

기면증으로 인한 죽음의 공포로 심하게 심리적 고통을 받아왔던 어느 작가의 깨달음에 대한 이야기가 생각난다. 그녀가 마음의 평안을 얻게 된 비결은 있는 그대로의 그녀가 되는 것이었다. 그녀는 한동안 자신이 가진 기면증을 부정하고 기면증과 싸우면서 고통스러운 시간을 보내야 했다. 그러던 중 어느 순간에 그녀는 자신이 기면증을 가진 사람이라는 것을 있는 그대로 수용하면서 기면증을 자신의 일부로 통합시켜서 마음의 평화를 얻었다는 것이었다. 즉, 그녀는 기면증을 가진 자신을 있는 그대로 수용할 용기를 통해 죽음의 공포를 극복했다.

당신이 살아 있는 한 희망이 있다. 삶이 우리를 아무리 고달프게 하고 힘들게 해도 삶이 있는 한 희망이 있다. 개인이 진정한 변화를 이루기 위해, 삶 자체가 우리에게 요구하는 의미 추구를 위해 희망의 끈을 놓지 않고 생활하는 것이 필요하다.

아들러는 심리적으로 문제가 있는 부적응적 사람들의 특성을 세 가지 결여로 설명하였다. 이러한 세 가지는 사회적 관심의 결여, 용기의 결여, 상식의 결여이다. 즉, 개인이 부적응적 삶을 적응적 삶으로 바꾸기 위해 부족한 사회적 관심, 용기, 상식을 개발하거나 증진시키는 것이 필요하다. 다시 말하면, 개인이 적응적인 건강한 삶을 위해 사회적 관심을 개발하고, 격려를 통해 용기를 불어넣으면서 생활하고, 인간으로서 보편적으로 지켜야 할 기본적인 도리를 다하면서 상식에 부합한 행동을 하는 것이 필요하다.

개인에게 진정한 변화는 부적응적인 삶에서 적응적인 삶으로, 역기능적인 생활에서 기능적인 생활로, 부적절한 생활양식에서 적절한 생활양식으로 바꿀 때 일어난다. 개인의 성장을 위한 진정한 변화는 부적응적인 기존의 틀에서 차원을 달리하는 새로운 적응의 틀로 이동할 때 일어난다. 즉, 진정한 변화와 성숙은 아들러가 제시한 역설적 의도인 증상처방이나 역제의와 같은 방법을 통해 문제해결을 위한 새로운 방식을 사용할 때 일어난다. 이런 점에서 문제해결을 위한 진정한 변화는 변화의 주체인 내담자 입장에서 보면 역설을 통한 이차원적 변화여야 한다(Watzlawick, Weakland, & Fisch, 1974).

불완전한 존재로서 자기이해와 자기수용

개인은 독특한 존재로 개인차를 가지고 태어났다. 즉, 개인의 신체적 및 정신적 능력에 있어 이 지구상에 똑같은 사람은 없다. 개인은 누구나 어떤 면에서 열등하거나 우월한 특성을 가지고 있다. 아들러는 모든 사람이 나름대로 열등감을 가지고 있다고 보았다. 그가 발견한 유기체의 지혜가 바로 '신체적 열등감과 그것의 정신적 보상'이다. 타고난 신체적 장애로 보지 못하고 듣지 못한 헬렌 켈러가 이룬 업적을 우리는 잘 알고 있다.

우리는 자신이 가진 열등감인 신체적 결함을 강한 정신적 인내력과 노력으로 극복하고 꿋꿋하게 살아가는 사람들을 보고 감탄하곤 한다. 개인은 누구나 열등한 측면이 있지만, 그러한 열등함을 극복할 자질도 가지고 있다. 당신의 진정한 변화를 위해 먼저 전체로서 자신에 대한 이해가 필요하다. 당신 자신이 가진 강점과 더불어 약점을 정확히 파악하는 것이 필요하다.

인간은 불완전한 존재이다. 아들러는 인간이 불완전한 존재로서 타고난 본능인 자기완성 추구를 위해 노력하는 존재임을 강조하였다. 개인이 자기완성 추구를 이루기 위해서는 자신의 열등한 측면을 파악하여 극복하는 것이 필요하다. 진정한 변화와 성숙을 위해 무엇보다도 먼저 개인은 자기가 가지고 있는 단점과 장점을 정확히 알아차려 전체로서 자신을 이해해야 한다. 개인이 자신의 신체적 및 정신적 열등감을 정확히 이해해서 적절하게 보상할 수 있어야 균형 있는 삶을 영위할 수 있다. 우리는 불완전한 존재로서 실수하거나 실패할 수 있다. "실패는 성공의 어머니"라는 말처럼 우리는 실수나 실패를 통해 학습한다. 당신이 인간답게 산다는 것은 자신이 저지른 실수나 실패를 있는 그대로 수용하면서 있어야 할 자리를 찾아서 지키면서 사는 것이다.

인간으로서 우리는 불완전한 존재이다. 어떤 사람들은 우리가 불완전한 존재인데 완전한 존재라고 믿고 산다. 그들은 완전한 존재인 신이라고 착각하고 산다. 그래서 그들은 완전한 신처럼 당위성을 가지고 산다. 불완전한 우리에게 당위성은 비합리적 신념이다. 요즘 상담 및 심리치료의 대세인 인지행동치료의 할아버지라고 불리는 엘리스(Albert Ellis)는 비합리적 신념이 정서적 장애 및 부적절한 행동의 원인이라고 하였다. 우리가 인간으로서 건강한 삶을 살아가기 위해서는 자신이 완전한 신이라는 착각에서 벗어나야 한다. 진정한 변화는 잘못되어도 한참 잘못된 자신이 완전한 존재라는 착각을 깨닫고 불완전한 존재로 행동할 때 일어난다. 많은 사람이 사용하고 있는 비합리적 신념의 뿌리로 작동하는 몇 가지 당위성은 다음과 같다.

- 나는 실수해서는 안 된다.
- 나는 실패해서는 안 된다. 만약 내가 실패하면 내 인생은 끝장이다.

- 나는 존경받아야 한다. 만약 내가 존경받지 못하면 나는 쓸모 없는 인간이다.
- 나의 배우자는 나만을 사랑해야 한다.
- 나의 부모는 나를 사랑해야 한다.
- 나의 자녀는 나를 존경해야 한다.

불완전한 존재로서 우리 각자에게 진정한 변화는 있는 그대로의 자신이 되려고 노력할 때 일어난다. 진정한 변화와 성장을 위해 중요한 세 가지는 믿음, 자기이해, 부지런함이다. 첫째, 변화를 위해 가장 중요한 것은 변화의 주체인 자신에 대한 믿음이다. 믿음의 결여는 불신이다. 우리에게 진정한 변화의 최대의 장애는 자신에 대한 믿음의 결여이다. 적지 않은 사람들이 이러한 신념의 결여로 인해 귀중한 시간을 자신감이나 책임감 없이 헛되게 보내고 있다. 다음으로 불완전한 존재로서 자신에 대한 이해가 필요하다. 이해의 결여는 오해이다. 역시 많은 사람이 이해의 결여에서 비롯된 오해로 인해 무지, 편견, 인지왜곡으로 그릇된 삶을 영위하고 있다. 마지막으로 변화를 위해 부지런함이 필요하다. 부지런함의 결여는 게으름이다. 분명히 개인이 자신이 설정한 목적을 달성하기 위해 부지런하게 노력하는 사람은 삶의 어려움을 헤쳐 갈 수 있다. 반면에 게으름 피우는 사람은 헛되고 부질없이 삶의 시간을 보낸다.

- 어떤 사람들은 자신이 완전한 존재라고 착각하고 있다.
- 이런 착각을 깨는 것이 중요하다.
- 변화는 이런 사람에게 완전을 처방해서 불완전을 수용하게 하는 것이다.
- 변화는 이런 사람에게 용기를 처방해서 불완전한 존재로 살아가게 하는 것이다.

- 신은 완전하다.
- 인간은 불완전하다.
- 우리는 불완전하다.
- 어떤 사람들은 자신이 완전한 신이라고 착각하고 있다.
- 건강한 삶을 위해 이런 착각을 깨는 것이 중요하다.
- 변화는 이런 사람에게 완전한 신을 처방해서 인간이 되게 하는 것이다.

자신의 생활양식 이해

아들러는 독특한 존재로서 개인이 인생 초기에 형성한 삶의 방식인 생활양식(life style)에 따라 생활한다고 보았다. 생활양식은 성격이다. 성공을 위해 자신의 성격을 이해하는 것이 필요하다. 아들러는 건강하고 적응적인 사람은 사회적 존재로서 타인과 함께 타인에게 해를 끼치지 않으면서 사회에 유용한 방식으로 생활하는 사람이라고 믿었다. 반면에 건강하지 않고 부적응적인 사람은 타인을 배려하지 않고 오직 자신의 이익을 위해 행동하거나 타인을 해치면서 사회적으로 무용하거나 유해한 방식으로 생활하는 사람이라고 생각하였다.

우리는 각자 자신이 형성한 생활양식에 따라 세 가지 인생과제인 일, 사랑, 우정을 해결해 가면서 출생과 함께 우리에게 부과된 삶의 의미 추구를 하고 있다. 개인이 자신의 열등감을 극복하고 바람직한 삶의 의미 추구를 달성하기 위해 불완전한 인간으로서 자신에 대한 이해와 더불어 진정한 변화와 성숙의 원리를 터득하는 것이 필요하다.

성공적인 삶을 사는 사람들의 생활양식은 사회적 유용형이다. 그들은 타인과 함께 성공 추구를 한다. 반면에 다른 세 가지 생활양식인 지배형, 기생형, 회피형은 사회에 도움이 되지 않는 부적절한 삶의 방식이다. 이런 성격을 가진 사람들은 성공 추구를 제대로 하지 못하고 있다. 따라서 당신이 추구하는 성공적인 삶을 위해 철저한 자기이해를 통해 자신의 부적절한 생활양식을 수정해야 한다. 즉, 당신의 성공을 위해 만약 당신이 가진 생활양식이 부적절한 생활양식인 지배형, 기생형, 회피형에 해당된다면 사회적 유용형으로 바꾸어야 한다.

그릇된 사적 논리 이해

우리의 생각이 행동을 결정한다. 생각을 바꾸면 세상이 달라진다. 인간은 현상학적 존재로 주관적인 관점을 가지고 세상을 살아간다. 아들러는 우리 각자가 인생 초기에 형성한 사적 논리, 사적 견해에 따라 행동한다고 보았다. 현재 대세를 이루는 상담 및 심리치료의 추세는 인지행동치료로 그릇된 사적 논리를 공적 논리로 바꾸어 사회에 도움이 되는 건전한 행동을 하게 하는 것이다. 그릇된 사적 논리는 다른 말로 인지·정서·행동치료를 개발한 엘리스가 제안한 비합리적 신념에 해당한다. 역시 우울증을 치료하면서 벡(Aaron Beck)이 개발한 인지치료에서 사용되는 용어인 부정적 자동적 사고인 인지왜곡도 그릇된 사적 논리이다.

개인이 형성한 습관을 바꾸기 힘든 것처럼, 자신이 가진 그릇된 사적 논리를 파악해서 바꾸는 것은 분명히 그렇게 녹록지 않은 일이다. 하지만 진정한 변화와 성숙을 위해 당신의 그릇된 사적 논리를 공적 논리로 수정하는 것이 필요하다. 당신의 성공적인 삶을 위해 비합리적 신념을 합리적 신념으로, 부정적 자동적 사고를 긍정적 자동적 사고로, 실패정체감을 성공정체감으로 바꾸는 것이 필요하다.

건강한 난사람, 든사람, 된사람 되기

우리는 누구인가? 사람이다. 우리가 추구하는 것은 무엇인가? 불행이 아니라 행복이다. 행복한 삶이다. 우리는 행복한 사람이 되기를 원한다. 자기이해를 바탕으로 성공한 사람이 행복한 사람이다. 아들러는 "사람이 할 일 중에 가장 어려운 일은 자신을 알고 자신을 변화시키는 것이다."라고 하였다. 진정한 변화와 성숙을 위해 먼저 철저한 자기조사를 통한 자기이해가 이루어지는 것이 필요하다.

철학의 아버지라 불리는 소크라테스는 "너 자신을 알라."라고 했다. 우리가 누구인지 철저한 자기이해를 해야 함을 강조했다. 아들러는 부단한 자기탐구에서 비롯된 자기이해를 바탕으로 바람직한 방향으로 자신을 변화시키는 것이 우리가 하는 일중에 가장 어렵다고 주장하였다. 아들러의 개인심리학 관점에서 난사람, 든사람, 된사람에 대해 알아보자.

- 난사람은 여러 면에서 다른 사람보다 두드러지게 뛰어난 사람이다. 재주가 있어 출세해서 세상에 이름이 알려진 사람이다.
- 든사람은 아는 것이 많고 학식이 풍부한 사람이다. 머리에 많은 지식이 들어 있는 사람이다.
- 된사람은 인격이 바르고 인간 됨됨이가 된 사람이다. 인격이

훌륭하고 덕이 있는 사람이다.

우리가 원하는 목적 추구를 위해 열심히 노력하면 난사람, 든사람, 된사람이 될 수 있다. 아들러는 건강하지 않은 삶은 사회적 관심이 결여되거나, 상식에 맞춰 행동하지 않거나, 용기가 결여된 사람이라고 하였다. 당신이 용기를 가지고 실천하면 난사람, 든사람, 된사람이 될 수 있다. 당신이 난사람, 든사람, 된사람이 되기 위해 필요한 것은 용기이다.

- 당신은 난사람이 될 수 있다. 당신이 난사람이 되기 위해 난사람이 될 용기가 필요하다.
- 당신은 든사람이 될 수 있다. 당신이 든사람이 되기 위해 든사람이 될 용기가 필요하다.
- 당신은 된사람이 될 수 있다. 당신이 된사람이 되기 위해 된사람이 될 용기가 필요하다.

- 당신이 난사람, 든사람, 된사람이 된다고 해서 건강한 사람이라고 할 수 없다. 아들러가 강조한 상식에 부합한 행동을 하는 사람은 건강하지만, 상식에 부합하지 않는 행동을 하는 사람은 건강하지 않다.

- 건강한 난사람은 상식에 부합한 행동을 한다.

- 건강하지 않은 난사람은 상식에 부합하지 않은 행동을 한다.

- 건강한 든사람은 상식에 부합한 행동을 한다.
- 건강하지 않은 든사람은 상식에 부합하지 않은 행동을 한다.

- 건강한 된사람은 상식에 부합한 행동을 한다.
- 건강하지 않은 된사람은 상식에 부합하지 않은 행동을 한다.

- 아들러가 정신건강의 지표로서 강조한 개념이 사회적 관심이다. 사회적 관심이 높은 사람은 건강하지만 사회적 관심이 낮은 사람은 건강하지 않다.

- 건강한 난사람은 높은 사회적 관심을 가지고 행동한다.
- 건강하지 않은 난사람은 낮은 사회적 관심을 가지고 행동한다.

- 건강한 든사람은 높은 사회적 관심을 가지고 행동한다.
- 건강하지 않은 든사람은 낮은 사회적 관심을 가지고 행동한다.

- 건강한 된사람은 높은 사회적 관심을 가지고 행동한다.
- 건강하지 않은 된사람은 낮은 사회적 관심을 가지고 행동한다.

6
장

세 번째 성공의 비결:
자신감

6장

세 번째 성공의 비결:
자신감

당신의 성공 추구를 위해 자신감이 필요하다. 자신감을 가진 사람은 '나는 그걸 할 수 있어(I can do it).'라고 믿고 행동하는 사람이다. 이런 이유로 자신감을 가진 사람은 자신의 성공 추구를 위해 실패에 대한 두려움 없이 삶의 요구에 맞서 도전하고 응전한다. 반면에 자신감이 없는 사람은 '나는 그걸 할 수 없어(I can't do it).'라고 여기고 주저하는 사람이다. 이런 이유 때문에 자신감이 없는 사람은 삶의 도전에 맞서지 못하거나, 설령 맞선다할지라도 성공하지 못하고 실패할 확률이 높다.

자신감을 가진 사람은 자신이 성공하리라는 긍정적 기대를 가지고 행동한다. 반면에 자신감이 없는 사람은 자신의 성공 추구에 대한 의구심과 부정적 기대를 가지고 행동한다. 그렇기 때문에 자신감이 없는 사람은 자신이 부정적으로 예견하고 기대하는 습관에 기인해서 실패나 부정적 결과를 초래한다.

개인의 자신감은 기본적으로 자신에 대한 신뢰와 믿음에서 비롯된다. 자신을 믿고 자신감을 갖고 생활하기 위해 불완전한 존재로서 자기수용이 필요하다. 우리가 불완전한 존재이기 때문에 때로는 실수하고 실패할 수 있다. 자신감을 가진 사람은 자신이 저지른 실수나 실패로 좌절하지 않고 굳건한 자세로 앞으로 나아간다. 즉, 자신을 확실하게 믿고 생활하는 사람은 그가 저지른 실수나 실패로 인해 쉽게 자신감을 상실하지 않는다.

자신감을 가진 사람은 긍정적 자기대화를 통해 자신에게 자신감을 고양시키면서 강한 내적 동기를 가지고 행동하는 사람이다. 반면에 자신감이 없는 사람은 주로 부정적 자기대화를 통해 더욱 자신감을 잃게 되어 침체된 생활을 한다.

Striving for superiority: 자기완성 추구

Understanding oneself: 자기이해

Confidence: 자신감

Courage: 용기

Encouragement: 격려

Social interest: 사회적 관심

Social equality: 사회적 평등

자신에 대한 믿음 갖기

개인의 자신감은 자신에 대한 믿음에서 비롯된다. 아들러 (Adler)는 "당신이 믿는 것이 당신이 하는 것을 결정할 것이다 (What you believe will determine what you do)."라고 하였다. 인간이 신에 대한 믿음을 가지듯 자신에 대한 믿음을 가지고 생활하는 것이 필요하다. 당신이 전지전능한 신(God)이나 완전한 만다라(Mandala)를 믿듯이 당신 자신을 믿으라.

리차드스와 버진(Richards & Bergin, 1997)은 인간 성격을 영적 본질을 가진 것으로 고려하였다. 그러므로 그들은 사람들이 자신의 영적 성장과 발달을 촉진하는 보편적 원리에 따라 생활할 때 보다 행복한 삶을 영위한다고 믿었다. 종교를 통해 신을 믿거나 우주의 섭리를 믿으면서 영성(spirituality)을 가지고 생활하는 사람이 그렇지 않은 사람보다 행복한 삶을 영위한다. 당신의 행복한 삶을 위해 영성이 필요하듯, 전체로서 당신 자신에 대한 믿음을 갖는 것이 필요하다.

우리가 살고 있는 지구촌에는 사람들이 믿고 있는 기독교, 불교, 이슬람교 등 다양한 종교가 있다. 그리고 대략 열 사람 중에서 일곱 사람이 어떤 종교를 가지고 생활하고 있는 것으로 여겨지고 있다. 만약 누군가가 신을 믿으면서 믿음의 주체인 자신을 믿지 못한다면, 자신에 대한 믿음을 갖지 않는 사람의 그러한 믿음은 진실인가에 대한 역설의 덫에 빠지게 된다. 이러한 믿음의 역설을 통해 자신에 대한 불신을 가진 사람들이 믿음을 가지고 생활할 때 진정한 변화가 일어난다.

분명한 것은 자신에 대한 믿음을 가진 사람이 믿음이 없는 사람보다 높은 자신감을 가지고 생활한다는 사실이다. 만약 당신이 보이지 않는 신을 믿으면서, 꼬집어서 아픔을 느끼거나 슬퍼서 우는 자신의 생물학적 실체에 대한 믿음이 없다면 문제이다. 더불어 지금까지 당신이 나름대로 삶의 다양한 문제를 해결해 온 자신의 정신적 능력에 대한 믿음에 대해 의구심을 가진다면 문제이다. 이러한 자신에 대한 믿음은 당신 자신을 변화시키고 성장시킬 수 있다는 신념의 초석이다. 또한 이러한 믿음은 당신의 능력을 믿고 삶의 어려움을 헤쳐 갈 수 있다는 신념이다.

당신이 원하는 성공은 삶의 주체로서 자신의 삶에 대한 확고한 믿음을 가지고 생활할 때 일어난다. 인간은 사회적 존재이다. 따라서 행복한 삶을 위해 당신 자신에 대한 믿음을 가족으로, 이웃으로, 지역사회로, 국가로, 그리고 지구촌 전체로 확장하는 것이 필요하다. 개인은 각자 자신이 원하는 이상적 세계인 유토피아를 꿈꾸며 생활하고 있다. 자신의 꿈을 이룰 수 있다는 강한 믿음을 갖고 생활하는 사람만이 꿈을 이룰 수 있다. 당신이 유토피아가 존재한다고 믿으면 유토피아는 존재한다. 그리고 당신이 원하는 유토피아를 이룰 수 있다는 믿음으로 생활할 때만 유토피아를 만드는 것이 가능하다. 타인과 더불어 부대끼고 삶의 희로애락을 만끽하면서 생활하고 살아가는 터전인 이

지구촌이 유토피아라고 믿고 생활하자. 천국이 따로 없다. 당신이 살고 있는 바로 여기가 천국이다. 개인에게 가정은 천국이거나 지옥이라고 한다. 당신이 유토피아의 믿음을 가지고 당신의 가정을 천국으로 만들려고 노력하면 그 목표를 달성할 수 있다. 그러면 당신의 집이 천국이고 당신이 천사가 된다. 우리의 삶은 유한하며 진행되는 과정이다. 따라서 우리 각자에게 행복한 삶이란 자신에 대한 믿음을 갖고 그러한 믿음을 달성하기 위해 노력하는 과정이다.

당신이 설정한 허구적 최종목표를 달성할 수 있다는 신념은 자신에 대한 믿음에서 비롯된다. 자신에 대한 믿음을 바탕으로 아들러가 제안한 당신에게 주어진 세 가지 인생과제(life task)인 일과 직업, 사랑과 결혼, 우정과 원만한 대인관계를 달성하기 위해 부단히 노력하는 것이 요구된다.

자기격려를 통해 자신감 회복하기

개인이 나름대로 많은 노력을 했음에도 실패의 늪에 빠지면 자신감을 잃게 된다. 자신감을 상실한 사람들은 성공적 삶을 위해 자신감을 회복하는 것이 필요하다. 실패는 성공의 결여이다. 분명히 거듭된 실패는 우리의 자신감의 상실을 초래한다. 따라서 자신감을 상실한 사람이 실패가 아닌 성공 경험을 통해 자신감을 회복하기 위해 먼저 필요한 것은 자신의 실패에 대한 이유를 파악해서 대처하는 것이다. 사람들이 성공하지 못하고 실패하는 이유로 밝혀진 대표적인 몇 가지는 다음과 같다.

- 달성하고자 하는 분명한 목표가 없는 것
- 자신의 능력으로 달성하기 힘든 너무 높은 목표를 설정한 것
- 초심(beginner's mind)을 지키지 못하고 포기하는 것
- 성공을 위한 성취동기가 부족한 것
- 목표달성을 위한 의지와 노력이 부족한 것
- 시간 관리를 못하는 것

우리는 불완전한 존재이기 때문에 실수나 실패를 전혀 안 할 수는 없다. 그렇지만 실수나 실패를 줄이는 것은 필요하다. 그리고 실패를 줄이기 위해 당신이 실패하는 이유가 무엇인지 정확히 파악하는 것이 중요하다. 또한 실패 경험에서 비롯된 상실된 자신감을 회복하기 위해 당신이 실패한 이유를 정확히 파악하여 실패습관을 성공습관으로 바꾸는 것이 필요하다.

자신감을 상실한 사람의 주요한 특징은 실패로 인한 좌절감에서 비롯된 자기낙담이다. 다시 말하면, 자신감을 잃은 사람은 거듭된 실패로 성공 추구의 원동력으로 작동하는 용기를 잃고 실패의 두려움에서 벗어나지 못하고 있다고 할 수 있다. 그래서 자신감을 잃고 낙담된 사람은 자신감 회복을 위해 자기격려가

필요하다. 아들러의 개인심리학에 근거한 격려치료에 참석했던 사람들이 자신감이 향상된다는 것은 많은 연구결과에서 밝혀졌다. 거듭된 실패경험으로 자신감을 잃고 낙담에 빠져 침체된 생활을 하는 사람에게 자신감 회복을 위해 정말 필요한 것은 자기격려이다. 당신의 자신감 회복을 위해 스스로를 격려하고, 격려하고, 또 격려하는 것이 필요하다.

열등감 극복을 통해 자신감 회복하기

성공을 위해 자신이 가진 열등감을 파악하여 극복하는 것이 필요하다. 쉽게 말하면, 성공을 위해 자신이 가진 부족한 점이나 약점을 파악하여 보완하거나 개선해야 한다. 왜냐하면 우리가 자신의 열등감을 극복하지 못하고 열등감 콤플렉스에 빠져 있으면 우리가 원하는 성공 추구를 제대로 할 수 없기 때문이다. 아들러가 "사람이 된다는 것은 자신이 열등하다는 것을 느끼는 것이다."라고 말한 것처럼 우리는 누구나 열등한 측면을 가지고 있다. 아들러는 열등감의 세 가지 원천을 기관열등감, 과잉보호, 양육태만이라고 하였다.

개인이 자신이 가진 열등감을 적절한 보상을 통해 성공적으로 해결하면 자신감을 상실하지 않는다. 반면에 개인이 자신의 열등감을 해결하는 데 실패해서 열등감 콤플렉스를 갖게 되면 대부분 자신감을 잃고 생활하게 된다. 먼저 기관열등감이 자신감에 미치는 영향에 대해 살펴보자. 기관열등감은 개인 자신의 신체와 관련해서 가진 신체적 열등감을 의미한다. 우리는 각자 유전적으로 독특한 신체적 특징을 가지고 태어난다. 심지어 일란성 쌍생아도 다른 신체적 특징을 가진다. 그리고 출생과 함께 신체적 장애를 갖고 태어난 사람도 많다.

잘 알다시피 헬렌 켈러(Helen Keller)는 볼 수 없고 들을 수 없는 최악의 신체적 열등감을 극복하고 인간 승리의 찬사를 받는 성공적인 삶을 살았다. 이와 대조적으로 요즘 누가 봐도 신체적으로 정상적이고 미모를 갖췄음에도 불구하고 적지 않은 여성들이 신체적 열등감으로 인해 자신감 없이 생활한다. 외모와 관련하여 남자는 멋진 남성이기를, 그리고 여자는 아름다운 여성이기를 원한다. 흔히 대한민국이 여성들의 성형수술을 위한 천국이라고 말한다. 이를 빗대어 많은 여성이 성형수술을 통해 자신의 외모를 재건축한다고 말하기도 한다. 그리고 예뻐지려다가 성형수술로 인한 부작용으로 인해 평생 신체적 열등감으로 자신감 없이 인생을 포기하고 실의에 빠져 살아가는 사람도 적지 않다. 이런 연유로 필자는 만약 당신이 여성으로서 자신의 어떤 중요한 신체부위, 즉 눈, 코, 얼굴 등에 정말 심한 열등감을 가지고 자신감 없이 생활한다면, 성형수술을 하되 부작용이 없도록 돈 아끼려 하지 말고 그 분야에서 권위 있는 의사에게 수술을 받으라고 말하고 싶다. 왜냐하면 자신의 외모로 인한 신체적 열등감으로 자신감 없이 사는 것보다 수술을 통해 신체적 열등감을 극복하고 자신감을 가지고 사는 것이 더 중요하다고 믿기 때문이다.

신체적 건강은 자신감과 밀접하게 관련되어 있다. "건강을 잃으면 모든 것을 잃는다."나 "건전한 신체에 건전한 정신이 깃든다."라는 말처럼 개인의 신체적 건강 여부는 자신감 여부에 영향을 준다. 적절한 운동을 통해 신체적 건강을 유지하는 사람들이 그렇지 않은 사람들보다 훨씬 자신감이 높다. 예를 들면, 건강이 안 좋아져서 잦은 병치레를 하는 사람이나 몸 관리를 제대로 하지 않아 과대비만으로 허우적거리면서 사는 사람은 그렇지 않는 사람보다 자신감이 낮다.

부모가 과잉보호로 자녀를 키웠을 때 자녀는 독립적이지 못하고 의존적이 되어 생존경쟁이 치열한 세상에 제대로 적응하지 못하고 자신감 없이 지낼 가능성이 높다. 그리고 부모가 양육태만으로 전혀 자녀를 돌보지 않고 방치할 경우에 자녀는 사람들에 대한 불신과 함께 자신을 부모에게 버림받는 사람으로 생각하면서 심한 열등감에 사로잡혀 자신감 없이 생활할 확률이 매우 높다. 부모가 과잉보호나 양육태만이 아닌 민주적 원리와 격려, 칭찬보다 격려로 자녀를 훈육할 때 자녀는 훨씬 높은 자신감을 갖게 된다. 성공을 위해 우리는 자신이 가진 신체적 열등감이나 부모의 잘못된 부모 역할인 과잉보호나 양육태만으로 기인한 열등감을 극복해서 자신감을 회복하는 것이 필요하다.

7
장

네 번째 성공의 비결:
용기

7장

네 번째 성공의 비결:
용기

우리의 삶을 유지하고 더 나아가 성공적인 삶을 실현하는 것
은 순탄하지 않다. 삶 자체는 크고 작은 시련의 과정이다. 우리
는 용기와 관련하여 "아무리 어려워도 용기를 잃지 마라." "아무
리 힘들어도 용기를 잃지 마라."라는 말을 흔히 듣는다. 정말 우
리의 성공을 위해 아무리 힘들고 어려워도 참고 버티어 낼 용기
가 필요하다. 용기는 성공 추구를 위한 행동을 촉발시키는 삶의
원동력이다. 우리가 성공을 위해 가져야 할 가장 중요한 성공의
비결이 용기이다. 왜냐하면 용기는 우리의 삶을 가능하게 하고
원하는 목표를 달성하도록 행동을 야기하게 하는 내적 동기이
기 때문이다. 성공한 사람은 어려운 상황에 직면해서 용기를 잃
지 않고 대처해 간다. 반면에 실패한 사람은 어려운 상황에서

용기보다 두려움에 휩싸여 문제해결을 위한 어떤 시도나 행동을 하지 못한다.

두려움은 용기의 결여이다. 우리의 삶은 자기완성, 즉 성공 추구의 과정이다. 우리가 달성하고자 하는 성공을 위해 가장 필요한 단일요인은 용기이다. 용기 없이는 결코 성공할 수 없다. 용기를 가지고 삶의 요구에 부응해서 생활하는 사람만이 성공할 수 있다. 용기는 성공 추구를 위한 행동을 유발하게 하는 내적 동기로 작동한다. 반면에 두려움은 성공이나 목적 추구를 위한 행동을 멈추게 하거나 하지 못하게 하는 내적 동기로서 기능한다. 삶은 우리에게 어떤 어려움에 직면해서도 두려움 없이 도전할 것을 요구하고 있다. 우리가 삶의 요구에 두려움 없이 도전하게 하는 용기를 가지고 행동해야만 성공할 수 있다.

> Striving for superiority: 자기완성 추구
> Understanding oneself: 자기이해
> Confidence: 자신감
> **Courage: 용기**
> Encouragement: 격려
> Social interest: 사회적 관심
> Social equality: 사회적 평등

우리가 살아 있다는 것은 우리의 심장이 뛰고 있음을 의미한

다. 심장이 뛰어야 산다. 용기가 없으면 심장이 멈춘다. 심장이 멈추면 삶이 멈춘다. 심장이 멈췄을 때 심폐소생술을 통해 다시 심장을 뛰게 해서 다시 삶을 지속하게 하곤 한다. 우리의 심장이 뛰고 있다는 것은 우리가 용기를 가지고 있다는 것을 말한다. 용기라는 말의 어원은 불어로 심장을 의미하는 cœur이다.

- 용기는 심장에서 나온다.
- 당신이 살아 있는 한 용기를 가지고 있다.
- 당신이 용기가 없다고 하지 말라.

- 용기가 없다는 것은 심장이 없다는 것이다.
- 용기가 없는 사람은 살아 있어도 죽은 사람과 같다.
- 용기가 없는 사람은 위험, 고통, 어려움에 직면해서 행동하지 못한다.
- 용기가 없어 위험에 직면해서 행동하지 못하면 죽는다.

- 용기가 있는 사람은 죽을 각오로 삶의 도전을 헤쳐 나간다.
- 용기가 있는 사람은 실수나 실패에 대한 두려움 없이 행동한다.
- 용기가 있는 사람은 삶의 시련을 극복해 갈 수 있다.

용기가 있는 사람은 두려움 없이 행동해서 삶의 도전을 헤쳐 간다. "호랑이굴에 들어가도 용기를 잃지 않으면 산다."라는 말이 있다. 아무리 어려운 상황에서도 용기를 잃지 않으면 살 수 있다는 것이다. 용기의 반대는 두려움이다. 용기를 가진 사람은 위험, 고통, 불안에 직면해서 나타나는 두려움을 적절하게 관리하고 처리할 수 있다. 반면에 용기를 잃고 낙담에 빠진 사람은 자신의 두려움을 적절하게 처리할 수 없기 때문에 성공하지 못하고 실패한다. 아들러(Adler)는 심리적으로 문제가 있는 모든 사람은 낙담된 사람이라고 여겼다. 반면에 건강한 사람은 격려로 용기를 잃지 않고 사는 사람이다.

- 용기는 주저하지 않고 행동하게 하는 담력이다.
- 용기는 수줍어하지 않고 도전하는 대담성이다.
- 용기는 두려움 없이 행동하게 하는 삶의 원동력이다.

두려움은 실패의 어머니

두려움은 우리의 삶을 좌초시키는 실패의 어머니이다. 용기와 더불어 가는 개념이 두려움이다. 우리는 위험에 직면해서 본능적으로 우리 자신을 보호하기 위해 두려움을 느낀다. 실제적 위험에 두려움을 느끼고 대처하는 것은 필요하다. 하지만 우리가 두려움을 느낄 때 계속해서 두려움에 머물러 있어 옴짝달싹 못 하거나 도망치면 문제이다. 위험에 따른 두려움을 용기로 극복하는 것이 필요하다. 이런 점에서 위험에 직면해서 두려움과 용기는 거의 동시에 나타나는 반응이라고 할 수 있다. 당신에게 주어진 어려운 상황에서 두려움으로 대처할 것인가, 아니면 용기로 대처할 것인가는 전적으로 당신에게 달려 있다. 삶이 요구하는 도전에 우리가 '용기로 맞설 것인가', 아니면 '두려움으로 피할 것인가'의 선택은 전적으로 우리에게 달렸다.

삶은 우리에게 끊임없는 도전을 요구한다. 우리가 삶이 요구하는 도전에 적절하게 대처하지 못하면 문제이다. 삶의 문제를 해결하지 못해 침체된 사람은 낙담된 사람이다. 낙담된 사람은 용기를 상실하고 두려움으로 사는 사람이다. 우리의 삶을 좌초시키는 최대의 적은 두려움이다. 당신은 무엇을 회피하고 있는가? 당신은 정말 무엇을 두려워하는가? 우리가 삶의 요구에 두려움으로 회피하고 도피하면 결코 우리가 원하는 성공을 달성할 수 없다.

- 삶은 활동이다.
- 삶은 움직임이다.
- 삶은 운동이다.
- 삶은 행동이다.
- 용기는 행동을 촉발시킨다.

- 용기의 반대는 두려움이다.
- 두려움은 무서움이다.
- 두려움은 공포이다.
- 두려움은 불안이다.
- 두려움은 걱정이다.
- 두려움은 근심이다.
- 두려움은 염려이다.
- 두려움은 망설임이다.
- 두려움은 겁에 질려 옴짝달싹 못 하게 한다.
- 두려움은 행동을 정지시킨다.

용기는 성공의 어머니

용기는 우리의 삶을 순항시키는 성공의 어머니이다. 거듭된 실패는 성공의 어머니가 아니라 좌절의 어머니이다. 실패할 용기가 정말 성공의 어머니이다. 왜냐하면 실패할 용기를 가진 사람은 실패에 대한 두려움 없이 시도하고 도전하기 때문이다. 다시 말하면, 실패할 용기를 가진 사람은 자신이 불완전한 존재로서 실수나 실패할 수 있다는 것을 이해하고 실패를 무릅쓰고 도전하기 때문이다. 용기는 삶의 요구에 도전하고 응전하게 해서 행동을 촉발시키는 감정이다. 격려치료 집단상담에 참석했던 사람들은 잃었던 자신감을 회복하고 책임감을 갖고 생활한다. 즉, 그들이 자기격려를 통해 삶에 도전할 용기와 더불어 자신감과 책임감을 갖게 된다는 것이 입증되어 왔다.

아들러가 지적한 것처럼 심리적으로 문제를 가진 사람은 낙담된 사람이다. 낙담된 사람은 용기를 잃은 사람이다. 낙담된 사람은 삶의 기, 용기가 꺾인 사람이다. 낙담된 사람에게 용기를 불어넣기 위해 격려가 필요하다. 식물에게 물과 태양이 없으면 식물이 죽듯이 우리에게 격려가 없으면 우리도 죽는다. 격려를 통해 우리는 삶을 가능하게 하는 윤활유인 용기를 갖게 된다.

- 용기는 심장에서 온다.
- 심장은 마음이다.
- 마음, 하트는 사랑이다.
- 그러므로 용기는 사랑이다.

노자는 "당신이 누군가에 의해 정말 사랑을 받으면 당신이 힘을 갖게 되지만, 당신이 누군가를 정말 사랑하면 당신은 용기를 갖게 된다."라고 하였다. 오래전에 노자 할아버지가 지적한 것처럼 사랑은 우리에게 삶을 살아갈 힘과 살아갈 용기를 준다. 우리가 우리 자신을 정말 사랑할 때, 우리는 어떤 고난에도 삶을 지탱할 용기를 갖게 된다.

- 용기는 사랑이다.
- 용기는 삶을 순항시킨다.
- 두려움은 삶을 좌초시킨다.
- 사랑은 살아갈 용기이다.
- 사랑은 어떤 고난에도 삶을 지탱시킨다.
- 증오, 미움은 삶을 파멸시킨다.

불완전할 용기로 살기

인간은 불완전한 존재로 실수와 실패를 할 수 있다. "실패는 성공의 어머니이다."라는 말처럼 우리는 실패를 통해 배우고 성장한다. 우리에게 성공을 위한 진정한 변화와 성숙은 있는 그대로 내가 되기 위해 노력할 때 일어난다. 불완전할 용기(courage to be imperfect)는 인간이 불완전한 존재로 인간답게 살도록 촉진하는 원동력이다. 불완전할 용기는 당신이 당신답게 꿋꿋이 살도록 자극하는 활력소이다.

- 불완전할 용기는 불완전한 존재인 인간이 될 용기이다.
- 불완전할 용기는 인간으로서 역경을 헤쳐 나갈 용기이다.
- 불완전할 용기는 인간으로서 실수를 무릅쓰고 시도할 용기이다.

- 불완전할 용기는 인간으로서 실패에 좌절하지 않을 용기 이다.
- 불완전할 용기는 있는 그대로 자기를 수용할 용기이다.
- 불완전할 용기는 있는 그대로 자기와 타인을 수용하며 살아 갈 용기이다.
- 불완전할 용기는 있는 그대로 자기를 사랑할 용기이다.

- 불완전할 용기는 있는 그대로 자기의 단점을 수용하고 극복 할 용기이다.
- 불완전할 용기는 열등감을 극복할 용기이다.
- 불완전할 용기는 부단히 삶의 의미를 추구할 용기이다.
- 불완전할 용기는 있는 그대로 자기를 수용하고 개발할 용기 이다.

불완전한 존재로서 당신이 인간다운 삶을 살아가기 위해 먼저 필요한 것은 자기이해와 자기수용이다. 당신의 열등감을 극복하기 위해 먼저 당신이 가진 열등한 측면이 무엇인지 이해하는 것이 필요하다. 더불어서 당신이 나름대로 자부심을 느끼는 당신의 우월한 측면을 이해하는 것이 필요하다. 개인은 누구나 자신의 문제를 해결할 수 있는 자질을 가지고 있다. 진정한 변화와 성숙을 위해 자신의 열등감을 극복하고 자질을 개발해야한다.

오늘날 많은 사람은 비교와 경쟁이 강조되고 실수나 실패가 용인되지 않는 사회적 분위기 속에서 강박적으로 완전을 추구하는 데 전념하고 있다. 불완전한 존재인 우리가 자신이나 타인에게 강요하는 당위적 사고가 비합리적인 생각인 줄 알면서도 그러한 비합리적 사고에 따라 행동하고 있다.

- 어렸을 때 아이들은 키가 크고 작은 것으로 열등감과 우월감을 느낀다.
- 어렸을 때 또래 친구와 키 재기 경험으로 으쓱한 기분을 느끼는 것이 우월성이다.
- 비슷한데 자기가 크다고 주장하면서 키 재기하는 모습을 보고 '도토리 키 재기'라 한다.
- 우리는 거의 차이가 없는데 '도토리 키 재기'로 목숨 걸고 싸우는 사람들이 얼마나 어리석은 짓을 하고 있는지를 안다.
- 도토리 키 재기로 다투지 말라.
- 도토리 키 재기 하지 말라.

- 도토리는 도토리이다. 상수리는 상수리이다.
- 산은 산이고 물은 물이다.
- 나는 나이고 당신은 당신이다.
- 삶은 진아(眞我), 진정한 자아를 찾아가는 과정이다.
- 불완전할 용기는 있는 그대로의 내가 될 용기이다.

불완전할 용기는 우리가 불완전한 존재로서 우리 자신을 있는 그대로 수용하고 사랑할 용기이다. 사람들은 대체로 자신의 단점, 열등한 측면을 있는 그대로 받아들이지 않는 경향이 있다. 불완전할 용기는 우리 자신이 가진 열등한 측면을 있는 그대로 수용할 용기이다. 불완전할 용기는 자신의 실패로 좌절하지 않을 용기이다. 불완전할 용기는 자신의 실패를 수용하고 새롭게 도전할 용기이다. 불완전할 용기는 타인의 실패에 대해 질책하지 않고 관용할 용기이다.

사람들은 일반적으로 신처럼 완전해지려고 노력한다. 불완전한 존재인 우리가 신처럼 완전하게 행동하려다 보니 많은 문제가 발생한다. 이러한 문제를 해결하는 방법은 완전한 신이 되려는 것을 그만두고 불완전한 인간이 되도록 하는 것이다. 우리의 자기완성 추구는 불완전한 존재로서 자신의 열등감을 극복하는 것을 의미한다. 우리의 목표 추구는 자신의 열등감을 우월성으로 바꾸는 것이다.

- 건강한 사람은 있는 그대로 자기를 수용하고 사랑하는 사람이다.
- 건강한 사람은 자신이 가진 흠을 인정하고 고치려고 노력하는 사람이다.
- 건강한 사람은 자신이 가진 열등감을 파악해서 극복하려고 애쓰는 사람이다.

- 건강한 사람은 자신이 가진 단점을 직시해서 수정하려고 노력하는 사람이다.
- 건강한 사람은 있는 그대로의 자기가 될 용기인 불완전할 용기를 실천하는 사람이다.

- 진정한 변화는 있는 그대로의 자기가 되려고 노력할 때 일어난다.
- 불완전할 용기는 '있는 그대로의 자기를 사랑하기'이다.
- 불완전할 용기는 '있는 그대로의 자기를 수용하기'이다.
- 불완전할 용기는 '있는 그대로의 자기가 될 용기'이다.

- 우리는 불완전한 존재이다.
- 우리가 추구하는 목표는 자기완성이다.
- 우리가 추구하는 목표는 자기실현이다.
- 불완전한 존재의 자기완성은 있는 그대로 불완전한 존재가 되는 것이다.
- 불완전한 존재의 자기실현은 있는 그대로의 자기가 되는 것이다.

- 불완전한 존재는 완전한 존재가 될 수 없다.
- 우리가 완전한 존재가 되려고 발버둥 치니까 문제가 발생한다.

- 불완전한 존재로서 우리의 자기완성은 불완전한 자기가 되는 것이다.
- 우리는 우리 자신을 있는 그대로 수용하는 자기수용이 필요하다.
- 불완전할 용기는 우리 자신을 있는 그대로 수용할 용기이다.
- 불완전할 용기는 있는 그대로의 자기가 될 용기이다.

많은 사람이 처음에는 '불완전할 용기'라는 개념을 다소 생소하고 어렵게 생각하는 것 같다. 아마도 우리의 가정, 학교, 사회에서 사람들에게 치열한 경쟁사회에서 생존하기 위해서는 실수 안 하고 완전하게 살 것을 강조하는 사회적 현상 때문이라는 생각이 든다. 다시 말하면, 대부분의 사람들이 성공하기 위해서 실수나 실패를 하지 않고 빈틈없게 생활하기 위해서는 '완전할 용기'가 필요하다고 믿고 있기 때문이다. 그리고 그렇게 믿고 있는데 평소에 들어 보지 않아 익숙하지 않은 정반대 개념인 '불완전할 용기'가 필요하다고 하니 의아해할 수 있다고 본다. 나의 멘토인 아들러는 모든 용기 중에서 가장 중요한 용기가 '불완전할 용기'라고 하였다. 나도 정말 그렇다고 믿는다. 우리 모두에게 '불완전할 용기'가 필요한 이유에 대해 개인심리학에서 강조하는 내용에 맞춰 살펴보자.

- 인간은 불완전하다.

- 우리는 불완전하다.
- **불완전할 용기는 우리가 불완전한 존재로서 '있는 그대로의 자기가 될 용기'**이다.
- '있는 그대로의 자기가 될 용기'는 **'있는 그대로의 자기를 수용할 용기'**이다.
- '있는 그대로의 자기가 될 용기'는 **'있는 그대로의 자기를 사랑할 용기'**이다.
- 우리는 때로는 실수한다.
- 불완전할 용기는 우리가 실수를 무릅쓰고 도전할 용기이다.

- 우리는 때로는 실패한다.
- 불완전할 용기는 우리가 실패를 무릅쓰고 다시 일어설 용기이다.

- 우리는 때로는 좌절한다.
- 불완전할 용기는 우리가 좌절을 딛고 일어설 용기이다.

- 우리는 드물게 잘못을 저지르기도 한다.
- 불완전할 용기는 우리가 잘못을 저지른 사람을 용서할 용기이다.

- 우리는 열등감을 가지고 있다.

- 불완전할 용기는 우리가 가진 열등감을 극복할 용기이다.

- 우리는 사회적 존재로서 협동 없이 살 수 없다.
- 불완전할 용기는 우리가 살기 위해 협동할 용기이다.

- 우리는 사회적 존재로서 기여 없이 살 수 없다.
- 불완전할 용기는 우리가 살기 위해 기여할 용기이다.

- 우리는 누구나 두려움을 가진다.
- 불완전할 용기는 우리가 가진 두려움을 극복할 용기이다.

- 우리는 나름대로 목표를 추구한다.
- 불완전할 용기는 우리가 추구하는 목표를 달성하기 위해 노력할 용기이다.

변화를 위한 용기처방

역사적 관점에서 상담 및 심리치료 이론을 살펴볼 때, 아들러는 내담자의 진정한 변화를 위한 원리로서 증상처방(symptom prescription) 혹은 역제의(anti-suggestion)라는 이름으로 역설적 기법을 처음으로 사용하였다. 그리고 아들러의 영향을 받아 의

미치료를 개발한 프랭클(Frankl)이 역설적 의도라는 기법을 내담자의 변화를 위해 활용하였다. 변화는 부정적인 것 내에서의 정도의 변화를 의미하는 일차원적 변화가 아니라 부정적 차원에서 긍정적 차원으로 변화하는 이차원적 변화이다.

진정한 변화는 있는 그대로 내가 되려는 불완전할 용기를 발휘할 때 일어난다. 사람들은 흔히 자신이 아닌 그 누군가가 되고자 하거나 현실적 자아와 괴리된 이상적 자아를 추구하는 데 노력을 경주하고 있다. 진정한 변화는 내가 나 아닌 그 누군가가 아니라 진정한 내가 되려고 할 때 일어난다.

'악순환'이란 말을 적용하여 내담자의 문제를 표현하면 비합리적 사고의 악순환(Ellis), 부적절한 행동 혹은 습관의 악순환(Skinner), 부적절한 경험을 통한 감정의 악순환(Rogers, Perls)이라고 말할 수 있다. 내담자가 가진 문제의 이러한 악순환을 다람쥐가 쳇바퀴 도는 것에 비유하여 말할 수 있다. 유사하게 내담자가 갖는 문제의 악순환을 탈피하도록 하는 것은 다람쥐가 쳇바퀴를 이탈하게 하는 것이라고 할 수 있다. 이러한 변화를 패러다임 변화, 변화의 변화, 탈바꿈, 틀 바꾸기(reframing), 이차원적 변화라는 용어 등으로 다양하게 표현한다.

좀 더 구체적으로 그리고 간략하게 지금까지 개발된 주요한 상담접근에서 강조한 상담의 목적을 바탕으로 살펴보자.

● 프로이트(Freud)의 정신분석: 상담자는 상담활동을 통해 내담

자가 억압을 통해 보지 않으려 했던 것을 직시하도록 한다.

- 모레노(Moreno)의 심리극: 역할연기를 통해 비자발적인 방식
으로 자신의 역할을 수행하고 있는 내담자에게 자발성과 유
연성을 가지고 역할 수행을 하도록 한다.
- 융(Jung)의 분석심리학: 정신 내부의 외침을 경청하여 타고난
집단무의식의 자기실현, 즉 개성화를 이룰 수 있도록 한다.
- 아들러의 개인심리학: 잘못된 생활양식을 이해하도록 도모하
여 생활양식의 재정향을 이루도록 한다.
- 로저스(Rogers)의 인간중심치료: 가치의 조건화에 의해 형성
된 내담자의 부적절한 정서를 경험을 통해 바람직한 정서로
바꾸도록 한다.
- 펄스(Perls)의 게슈탈트치료: 미해결된 문제를 해결함으로써
게슈탈트의 순환을 원활히 하도록 한다.
- 행동주의 상담: 조건형성/역조건형성 혹은 강화에 의해 부적
절한 행동이나 습관을 바람직한 행동으로 바꾸도록 한다.
- 엘리스(Ellis)의 인지·정서·행동치료: 비합리적 신념을 합리적
신념으로 바꾼다.
- 벡(Beck)의 인지치료: 자동적 사고의 탈피 혹은 부정적 관점
을 긍정적 관점으로 바꾸도록 한다.
- 글래서(Glasser)의 현실치료: 적절한 방법으로 기본적 욕구를
달성하도록 하여 실패정체감을 성공정체감으로 바꾸도록
한다.

- 번(Berne)의 교류분석: 부적절한 인생각본을 바꾸어 바람직한 인생각본을 갖도록 한다.

이처럼 상담은 근본적으로 내담자의 변화를 도모한다. 좀 더 구체적으로 말하면, 상담자는 상담활동을 통해 적응에 어려움을 겪고 있는 내담자의 인지적, 정서적, 행동적 변화를 유발하도록 조력하여 내담자의 적응을 돕는 활동이다. 내담자의 변화를 위해 상담자들은 다양한 상담이론과 상담기법을 개발해 왔다. 필자는 지금까지 개발된 이러한 거의 모든 상담이론 및 상담기법이 내담자의 입장에서 보면 역설을 함축하고 있다고 본다.

변화에는 두 가지 유형이 있다. 한 가지 유형은 체계 자체는 변화하지 않고 남아 있으면서 주어진 체계 내에서 일어나는 변화이고, 다른 유형은 변화가 체계 그 자체에서 일어나는 변화이다. 바츨라빅, 위클랜드, 피쉬(Watzlawick, Weakland, & Fisch, 1974)는 전자를 '일차원적 변화'라고 하였으며, 후자를 '이차원적 변화'라고 하였다(pp. 10-11). 이러한 이차원적 변화는 변화의 변화를 의미한다. 상담 및 심리치료에서 사용하는 대부분의 치료적 역설은 이러한 이차원적 변화를 의미한다. 지속과 변화는 그들이 가진 서로 반대적인 속성에도 불구하고 함께 고려되는 것이 필요하다(Watzlawick et al., 1974, p. 1). 즉, 모순 혹은 딜레마 속에서 내담자에게 지속되어 온 문제를 해결하려는 시도가 변화를 위한 역설적 상담이라고 할 수 있다.

당신이 심한 발표불안으로 고통받고 있는 사람이라고 가정하자. 당신은 발표불안을 느끼지 않기 위해 발표하는 상황을 피해 다닐 것이다. 당신이 발표불안을 해결하기 위해서는 발표상황에 직면하는 것이 필요하다. 상담자는 당신의 발표불안을 해결하기 위해 당신의 증상인 발표불안을 처방한다. 예를 들면, 상담자는 내담자에게 "당신의 발표불안을 해결할 수 있습니다. 그런데 당신의 발표불안을 해결하기 위해서는 먼저 발표상황에서 당신의 발표불안이 어떻게 나타나는지를 정확히 이해하는 것이 필요합니다. 다음 주에 올 때까지 꼭 발표를 한 번 해 보시고 발표불안이 어떻게 나타나는지를 확인해서 해결하도록 노력해 봅시다."라고 말한다. 발표불안을 해결하기 위해서는 발표불안이 무엇인지 정확히 알아야 한다. 아무튼 이런 증상처방을 해서 내담자가 두려워서 피하거나 도망 다녀 왔던 발표상황에 직면해서 발표를 하게 된다면 문제가 해결되기 시작한다. 왜냐하면 내담자가 발표를 통해 용기를 갖기 시작했기 때문이다.

상담자들이 내담자들의 문제해결을 위해 적용하는 대부분의 상담기법은 내담자 입장에서 보면 역설적이다. 상담자들은 역설을 적용함으로써 내담자를 혼란, 딜레마, 혼돈(카오스) 상태에 빠지게 해서 진정한 변화를 위해 행동하도록 한다. 심리상담의 대가들이 변화를 위한 역설에 대해 언급한 몇 가지를 살펴보자.

- 로저스: 신기한 역설은 내가 있는 그대로의 나를 수용할 때

내가 변화한다는 것이다.

- 바이서(Beisser): 변화는 개인이 자기가 아닌 사람이 되려고 할 때가 아니라 있는 그대로 자기가 되려고 할 때 일어난다.
- 펄스: 누군가가 "나는 아브라함 링컨이다."라고 말하면 그 사람은 정신분열증 환자이다.

  누군가가 "나는 아브라함 링컨과 같은 사람이 되고 싶다."라고 말하면 그 사람은 신경증 환자이다.

  가장 건강한 사람은 "나는 나이고, 당신은 당신이다."라고 말한다.
- 아들러: 증상처방은 변화를 위한 역설적 의도를 적용한 기법이다.

모든 증상처방은 두려움이라는 증상을 해결하기 위해서 두려운 상황에 직면해서 행동하도록 요구하는 것으로 내담자에게 도전할 용기를 갖게 하는 **용기처방**이라고 할 수 있다. 증상처방은 낙담된 내담자가 용기를 갖고 행동하도록 하는 용기처방이다.

- 어떤 사람들은 자신이 완전한 존재라고 착각하고 있다.
- 이런 착각을 깨는 것이 중요하다.
- 변화는 이런 사람에게 완전을 처방해서 불완전을 수용하게 하는 것이다.

- 변화는 이런 사람에게 용기를 처방해서 불완전한 존재로 살아가게 하는 것이다.
- 신은 완전하다.
- 인간은 불완전하다.
- 우리는 불완전하다.
- 어떤 사람들은 자신이 완전한 신이라고 착각하고 있다.
- 건강한 삶을 위해 이런 착각을 깨는 것이 중요하다.
- 변화는 이런 사람에게 완전한 신을 처방해서 인간이 되게 하는 것이다.

증상을 처방한다는 말은 발표불안을 가진 사람에게 발표불안을 처방한다는 것이다. 발표불안을 가진 사람은 상담자의 요구인 자신의 발표불안이 어떻게 일어나는가를 알려면 발표를 해야 한다. 발표하기 위해서는 발표상황에 직면해야만 한다. 발표불안으로 두려워서 발표상황을 피해 왔던 내담자는 딜레마 상황에 빠지게 된다. 내담자가 발표장에 가서 발표한다는 것은 내담자의 용기가 작동했다는 것을 의미한다. 그리고 작동된 용기는 내담자를 지배하고 있는 두려움을 물리치기 시작했다는 것을 의미한다. 역설적 의도에 의해 내담자의 변화가 일어나기 시작했다.

- 불완전할 용기를 갖게 하는 것도 변화를 위한 역설적 의도를

나타낸다.

- 완벽주의로 고통받는 사람들이 많다.
- 완벽주의자는 실수하지 않으려고 안간힘을 쓰는 사람이다.
- 완벽주의자는 전지전능한 신처럼 행동한다.
- 그가 신이 아니라 인간이 되게 하는 것이 변화이다.
- 그의 증상은 실수에 대한 걱정, 두려움이다.
- 그에게 증상처방은 신처럼 행동하는 그를 딜레마에 빠지게 하는 실수하기를 처방하는 것이다.

즉, 상담자는 '실수해서는 안 된다'고 생각하고 실수가 두려워서 행동하지 못하는 내담자에게 다음 회기까지 '실수를 5번 하고 오라.'고 요구한다. 이렇게 내담자가 생각하는 것과 정반대의 행동을 하도록 제안한다는 점에서 역설적 의도를 역제의라고도 한다.

- 불완전한 인간이 어떤 일을 완전하게 하는 것은 불가능하다.
- 오직 전지전능한 신만이 완전하게 할 수 있다.
- 변화는 그가 완전한 신이 아니라 실수할 수 있는 불완전한 인간이 되게 하는 것이다.
- 역설은 모순을 통해 딜레마에 빠지게 해서 기존 틀 내에서의 변화인 일차원적 변화가 아니라 기존 틀에서 새 틀로의 변화인 이차원적 변화가 일어나도록 하는 것이다.

- 증상처방은 실수하지 않으려는 사람에게 실수하기를 처방해서 이차원적 변화가 일어나도록 하는 역설적 기법이다.

미움받을 용기가 아니라 미움에 도전할 용기

베스트셀러인『미움받을 용기』는 국내에서 최장기 베스트셀러 기록을 세웠을 뿐만 아니라 더불어 100만 부가 팔렸고, 여전히 그 여세는 진행 중이다. 그러한 여세를 모아 더 나아가 2016년 상반기에『미움받을 용기 2』가 출판되었다. 이러한 시점에서 필자는『미움받을 용기』가 우리 사회에 미치는 영향이 너무 크기 때문에 아들러 심리학을 연구해 온 상담심리학자로서 이대로 방치할 수 없어 독자들에게 진위를 알려야 한다는 막중한 책임감을 느껴 2016년 2월에『불완전할 용기』라는 책을 저술하게 되었다.

『미움받을 용기』는 일본의 철학자와 작가가 창조적으로 저술한 소설이다.『미움받을 용기』의 주요한 내용 토대는 기시미 이치로가 저술한 다른 책『아들러 심리학을 읽은 밤』이다. 그래서 『미움받을 용기』의 작가들은『미움받을 용기』가 소설이 아니라 아들러의 개인심리학을 플라톤의 대화록 방식을 통해 전달하고자 한 아들러 심리학에 관한 책이라고 주장한다.

기시미 이치로는 본인이 고대 철학을 전공한 사람으로서 목적론과 원인론이 정반대인 것처럼 주장하면서 목적론을 내세워 과학의 법칙인 인과법칙을 다루는 원인론을 깡그리 부정하는 잘못을 저지르고 있다.

아리스토텔레스(Aristotle)는 "모든 개체는 자기-내재적인 목적 체계이다."라고 주장하였다. 그리고 실제로 그는 모든 개체를 네 가지 원인인 소재원인(material cause), 형상원인(formal cause), 작용원인(efficient cause), 목적원인(final cause)에 의해 분석하였다.

- 아리스토텔레스: 모든 행동에는 목적원인이 있다.

기시미 이치로는 그의 저서 『아들러 심리학을 읽는 밤』에 있는 항목 '그리스 철학과 아들러'(pp. 204-214)에서 아들러가 말하는 '원인'이 아리스토텔레스가 말하는 '목적원인'이라고 지적하고 있다. 그의 결정적인 아들러 심리학에 대한 잘못된 이해는 그가 정말 잘못 곡해하고 해석해서 내린 다음 문장에서 시작된 것이라고 보고 아래에 그대로 제시한다.

아들러도 어떤 행동에 대하여 '왜?'를 물을 때 '원인'이라는 말을 자주 사용한다. 그러나 이 말은 '엄밀한 물리학적, 과학적인 의미에서 인과율'이 아니라는 점에 주의해야 한다. 아들러가 말하는 '원인'은 플라톤이 말하는 '진정한 의미의 원인', 또는 아리스

토텔레스가 말하는 '목적원인'인 것이다. (p. 209)

아리스토텔레스가 지적한 목적원인을 가지고 목적론과 원인론이 정반대 이론인 것처럼 곡해한 데서 모든 문제가 시작되었으리라고 본다. 아리스토텔레스가 말한 목적원인은 개체의 원인론을 설명하기 위한 네 가지 원인 중에 가장 중요한 한 가지 원인이다. 따라서 목적론은 인과법칙을 설명하는 원인론의 일부분이라고 할 수 있다.

- 원인론과 목적론으로 구별하는 것은 잘못된 것이다.
- 원인론과 목적론이라는 말로 현혹되지 말라.
- 원인론과 목적론으로 혼돈에 빠지지 말라.
- 달걀이 먼저냐 닭이 먼저냐로 혼돈에 빠지지 말라.

아들러가 강조한 "모든 행동에는 목적이 있다."라는 말은 아리스토텔레스가 지적한 목적원인을 강조한 원인론으로 보는 것이 옳다. 그런 점에서 기시미 이치로의 베스트셀러인 『미움받을 용기』의 첫 번째 밤 주제인 '트라우마를 부정하라'나 더 나아가 '트라우마(마음의 상처)란 존재하지 않는다.'고 주장하는 것은 목적론이 원인론에 정반대되는 것으로부터 내린 잘못된 결론이다. 이러한 결론에서 그는 프로이트의 정신분석 이론을 원인론으로 치부하고 깡그리 잘못된 것으로 비판하고 있다. 프로이트나 아들러가 들으면 어이가 없어 시신이 일어나 깜짝 놀라 기절 초풍할 일이다.

기시미 이치로의 "트라우마(마음의 상처)란 존재하지 않는다."라는 주장이 정말 옳다면 '일본이 과거에 저지른 만행으로 고통받고 있는 위안부 할머니들이나 2014년 세월호로 인해 고통받고 있는 많은 유가족에게 트라우마는 존재하지 않는다고 말할 수 있는가?' 하고 반문하고 싶다.

- 트라우마는 존재하지 않는 것이 아니라 존재한다.
- 트라우마는 마음의 상처이다.
- 아들러는 트라우마가 없다는 말을 언급하지 않았다.
- 아들러는 우리의 모든 행동에는 목적이 있다고 하였다.
- 우리는 누구나 트라우마로 인해 어떤 행동을 한다.
- 트라우마를 해결하지 못해서 나타나는 행동이 증상이다.
- 아들러는 부적절한 행동을 해결하기 위한 방법으로 증상처방, 역설적 의도를 제시하였다.
- 트라우마로 인해 나타내는 부적절한 행동을 해결하기 위해 증상처방이 필요하다.
- 증상처방을 통해 트라우마에 직면해서 이해하고 수용하는 것이 필요하다.
- 존재하는 것이 없다고 하는 것은 궤변이다.
- 우리는 누구나 크고 작은 마음의 상처를 가진다.

- 그리고 우리는 우리의 마음의 상처를 치유할 수 있다.
- 건강한 사람은 자신의 마음의 상처를 치유하며 살아가는 사람이다.
- 건강하지 않은 사람은 자신의 마음의 상처를 치유하지 못한 사람이다.

아들러학파는 '부드러운 결정론'을 강조한다. 결정론과 자유의지의 선상에서 결정론에 치우쳐 있다는 것이다. 결정론은 인과법칙에서 원인, 과거를 강조하는 입장이다. 반면에 자유의지는 개인이 자신의 삶을 선택해서 영위할 수 있다는 것으로 말 그대로 자유로운 의지를 강조한다.

프로이트와 스키너(Skinner)는 대표적인 결정론자이며, 인본주의 심리학자인 로저스와 매슬로(Maslow)는 대표적인 자유의지론자이다. 아들러학파들은 아들러를 '부드러운 결정론자'로 보기 때문에 아들러도 과거 혹은 원인의 중요성을 강조했다고 할 수 있다. 아들러가 강조한 4~5세에 생활양식이 거의 결정되어 변하기가 힘들다고 한 내용은 그가 부드러운 결정론자라는 것을 뒷받침해 준다. 초기기억의 중요성을 강조한 점도 마찬가지이다.

'모든 행동에는 목적이 있다.'는 말은 행동 이면에 있는 목적을 파악하는 것이 중요하다는 것이다. 이 말을 달리 이야기하면 개인이 하는 행동의 원인이 개인의 목적이라고 할 수 있다.

원인론(causality)은 인과관계, 즉 원인과 효과 관계를 강조한다. 어떤 것도 원인 없이 일어날 수 없다는 원리를 말한다. 우리의 행동을 설명하는 목적론과 원인론을 대립되는 것으로 보는 것은 잘못된 설명이다. 다시 말하면, 목적론에 따라 원인론을 부정한다거나 원인론에 따라 목적론을 부정하는 것은 잘못된 것이다.

우리의 행동을 설명하는데, 목적론은 모든 행동에는 목적이 있다고 주장한다. 그리고 원인론은 모든 행동에는 원인이 있다고 주장한다.

이러한 주장은 모두 옳다고 할 수 있다. 즉, 목적론을 취하는 입장에서 과학의 법칙인 인과관계, 즉 원인론을 부정하는 것은 맞지 않다. 원인론 입장에서 보면 행동의 목적이 원인이라고 말할 수 있다. 목적론과 원인론은 행동을 설명하는 데 상보적이며, 아리스토텔레스가 지적한 것처럼 목적론은 목적원인으로 인과관계 법칙을 설명하는 원인론에 속한 것으로 볼 수 있다. 따라서 이 둘을 합쳐서 '모든 행동에는 목적원인이 있다.'고 말할 수 있다.

모든 행동의 목적에는 원인이 있다고 말할 수 있다. 예를 들면, 아들러학파 상담자 입장에서 내담자인 학교성적이 좋지 않고 학교에 가기를 싫어하는 청소년에 대한 것으로 설명할 수 있다. 내담자가 학교에 가기 싫어하는 행동 이면에 있는 목적이 무엇일까? 성적에 대한 열등감에서 비롯된 학교 친구들과의 소속감의 결여를 학교 밖 친구들에게서 부적절한 방법으로 소속감을 얻는 것으로 채우는 것이 목적이라고 가정할 수 있다. 그렇다면 그러한 소속감 추구란 목적 이면에 있는 원인은 포괄적으로 자신의 열등감이라고 할 수 있다. 아들러는 우리는 목표 추구, 우월성 추구, 열등감 극복하기, 의미 추구가 삶의 추동이라고 가정하였다. 다시 말하면, 우리의 목표 추구는 행동의 원인, 원동력으로 작동한다고 할 수 있다.

- 미움받을 용기보다 사랑받지 않을 용기가,

  미움받을 용기보다 미움에 도전할 용기가,

  갑질받고 살 용기보다 갑질에 도전할 용기가,

  완전할 용기보다 불완전할 용기가 필요하다.
- 불완전할 용기는 '있는 그대로의 자기가 될 용기'이다.
- 진정한 변화는 '있는 그대로의 자기가 될 용기'로 행동할 때

  일어난다.
- 왜냐하면 진정한 변화는 '있는 그대로의 자기가 될 용기'인

  불완전할 용기를 가질 때 일어나기 때문이다.

8
장

다섯 번째 성공의 비결:
격려

8장

다섯 번째 성공의 비결:
격려

사람들은 날마다 자신이나 타인을 격려하거나 낙담시키면서 생활한다. 만약 당신이 주로 자신이나 타인을 낙담시키는 사람이라면, 성공을 위해 낙담보다 격려하는 사람으로 변화되는 것이 필요하다. 자기격려를 잘하는 사람이 타인도 잘 격려한다. 자기낙담을 잘하는 사람이 또한 타인을 잘 낙담시킨다. 격려(encouragement)는 용기를 갖게 한다. 반면에 낙담(discouragement)은 용기를 잃게 하는 것이다. 격려는 용기를 북돋는 반면에, 낙담은 두려움을 조장한다.

격려는 개인에게 용기를 불어넣는 피드백이다. 격려는 우리가 용기를 가지고 행동하도록 자신과 타인에게 주는 관심이다. 자기격려는 자신의 가치감을 향상시키고 자신의 능력에 대한 믿음을 강화시킨다. 아들러학파 상담자들은 격려치료를 통해 내담자들의 자신감과 책임감이 향상되는 것을 입증해 왔다. 드 레이커스(Dreikurs)는 모든 부적응적 행동은 근본적으로 낙담에서 비롯된다고 하였다. 즉, 부적응적인 사람은 격려의 반대인 낙담으로 인해 자신감과 책임감 없이 행동한다. 개인은 자신의 가치와 능력에 대한 믿음 없이 용기 있게 행동할 수 없다. 역시 개인이 용기를 가져야 두려움 없이 자신감을 갖고 행동할 수 있다.

Striving for superiority: 자기완성 추구

Understanding oneself: 자기이해

Confidence: 자신감

Courage: 용기

Encouragement: 격려

Social interest: 사회적 관심

Social equality: 사회적 평등

격려는 아들러 개인심리학의 핵심단어이다. 우리는 과거에 일어났던 것을 바꿀 수 없다. 우리는 단지 지금-여기에서 우리의 행동을 변화시킬 수 있다. 만약 우리의 과거가 우리를 심하게 낙담시켰다면, 변화는 물론 더 어렵다. 하지만 우리는 격려를 통해 우리를 변화시킬 수 있다. 아들러학파 상담자들은 내담

자들이 그들이 경험한 사건을 변화시킬 수는 없지만 그러한 사건에 대한 태도를 변화시킬 수 있다는 것을 그들에게 가르친다. 이러한 가르침을 통해 내담자는 매우 흥미로운 발견을 하게 된다. 인생이라는 소설을 쓰고 있는 내담자들은 드라마에 있는 자신의 일부를 새롭고 보다 자기 충만한 방식으로 다시 쓰도록 격려된다.

아들러는 심리적으로 문제가 있는 대부분의 사람들을 낙담된 사람이라고 보았다. 드레이커스는 격려의 중요성을 강조하는 의미로 "식물에게 물과 태양이 필요하듯 인간에게 격려가 필요하다."라고 언급하였다. 개인심리학 이론에 근거하여 로슨시(Losoncy, 2001)는 격려치료를 개발하고 많은 사람에게 적용하여 그 효과를 입증하였다. 즉, 그는 격려치료에 참여한 사람들의 자신감과 책임감이 향상됨을 확인하였다.

대략 20년 전에 나의 처가 한학 공부를 열심히 했던 때가 있었다. 끼리끼리 어울린다는 말이 있다. 처가 한문 및 한학 공부하는 사람들과 어울려 즐겁게 삶의 의미를 추구하고 있었다. 그들이 한국의 가장 아름다운 정원으로 알려진 담양군 남면에 소재한 소쇄원에서 식목일에 붓글씨로 '가훈 써 주기' 행사를 한 적이 있었다. 나의 처의 요청으로 나는 자원봉사자로 행사에 참여해서 붓글씨를 써 주는 서예가에게 한지를 건네주는 역할을 하였다. 당시에 나는 40대 중반이었다. 나이가 많이 드신 노한 학도로 많은 깨침을 터득해 오신 분들도 행사에 참여해 주변에서 구경하고 있었다. 나는 깨침의 수준이 높은 어떤 노한학자의 가르침으로 사자성어인 지험무애(知驗無涯)라는 말을 만들었다. 그 행사 덕분에 우리 집 가훈으로 내가 정한 것은 지험무애(知驗無涯), 즉 '지식과 경험은 끝이 없다'는 것이다.

그날 써 준 많은 가훈 중에 삶의 연륜이 많으신 노한학자들이 이구동성으로 정말 좋다고 한 가훈이 '즐겁게 살자'였다. 나는 그 당시에는 '즐겁게 살자'가 정말 좋은 가훈이라는 깨침을 터득하지 못한 상태였다. 시간이 꽤 지나 나의 깨침이 확장되어 '즐겁게 살자'라는 가훈이 정말 좋다는 것을 알게 되었다. 여기서는 아들러의 개인심리학 관점에서 즐겁게 사는 비결이 무엇인지를 살펴보자.

즐겁게 공부하기

즐겁게 사는 비결은 무엇인가? 열심히 공부하는 것이다. 배움의 기쁨을 깨닫는 것이다. 삶은 배움의 과정이다. 삶은 배움을 통해 진아(眞我), '진정한 나'를 알아 가는 과정이다.

- 삶은 '진정한 나'를 찾아가는 과정이다.
- 삶은 깨쳐 가면서 삶의 기쁨을 경험하는 것이다.
- 삶은 깨달아 가면서 삶의 경이로움을 느끼는 것이다.

삶은 불교의 선사들이 선(禪) 수련을 통해 깨쳐 가면서 진아(眞我), 있는 그대로의 나를 찾아 가는 과정이다. 정말 오래전에 곽암 선사는 십우도(十牛圖)를 통해 삶이 진아를 찾아가는 과정임을 설파하였다.

아들러를 일컬어 서양의 소크라테스라 하고, 동양의 공자라고 한다. 아들러는 자신이 개발한 '상식의 정신의학', 즉 상식의 심리학이 미래의 대세를 이룰 것이라고 주창하였다. 나의 정신적 멘토인 아들러가 서양의 소크라테스이고 동양의 공자라고 일컬어져 기쁘다. 그가 그렇게 일컬어지는 데에는 그럴 만한 이유가 있기 때문이라 본다. 그러한 이유를 아들러가 인간 이해를 바탕으로 강조한 내용에 근거해서 알아보자. 아들러는 인간이 가진 삶의 추동으로서 의미 추구, 목적 추구를 가정하였다. 그리고 아들러는 '인간이 무엇인가?' '나는 누구인가?' '삶의 의미가 무엇인가?' 등의 질문을 통해 삶의 과학인 개인심리학을 개발하였다.

- 아들러: 인간이 행하기에 가장 어려운 일은 자신을 알고 자신을 변화시키는 것이다.
- 소크라테스: 너 자신을 알라. 삶의 의미가 무엇인가?

철학의 아버지라 불리는 소크라테스는 "너 자신을 알라."라는 유명한 명제를 남겼다. 더불어 그는 '삶의 의미가 무엇인가?'라는 질문을 통해 "삶이 무엇인지 조사되지 않는 삶은 가치 없는 삶이다."라고 하였다.

공자께서 말씀하시길 학이시습지면 불역열호아, 즉 "배우고 그것을 때때로 익히면, 기쁘지 않겠는가."라고 하였다. 공자는 정말 오래전에 우리가 배움을 통해 즐겁게 살 수 있다는 것을 갈파하였다.

공자의 제자들이 그의 뜻을 받들어 작성한 예기에 나오는 말로 "옥불탁불성기, 인불학불지도"라는 말이 있다. '옥을 쪼아 다듬지 않으면 그릇을 만들지 못하고, 사람이 배우지 않으면 도리를 알지 못한다.'는 말이다. 배움은 사람의 도리를 다하기 위해 필요하다. 우리가 도리를 다하는 사람이 되기 위해 부지런히 배워야 한다.

아들러 이론의 영향을 받지 않은 현대 상담 및 심리치료 이론은 찾아보기 힘들다. 현실치료 이론을 개발한 글래서(Glasser)는 즐거움, 흥미 욕구를 인간의 기본적 욕구라고 하였다. 그리고 공부하는 것이 즐거움 욕구에 해당된다고 하였다.

우리 조상들은 죽은 사람의 신분을 호칭할 때도 학생(disciple)이라고 해 왔다. 아들러는 생애를 통해 달성해야 할 인생과제로서 일과 직업을 강조하였다. 학생의 일은 공부하는 것이다. 학생의 공부는 미래의 일과 직업을 위한 준비이다.

나는 고등학교 때부터 도산 안창호 선생이 창립한 흥사단 활동을 해 왔다. 나는 미국에서 공부를 마치고 1993년에 귀국했다. 내가 미국에서 돌아온 지 얼마 안 되어 흥사단에서 운영하는 초·중등학생을 대상으로 하는 하계캠프를 '공부는 내 친구'라는 이름으로 진행한 적이 있었다. 부모나 교사로부터 반복적으로 표현되는 '공부해라'라는 말에 짜증, 염증을 느끼고 있는 학생들에게 '공부는 내 친구'라는 말은 역설적 표현이었다. '공부는 내 친구'라는 표현은 학생들에게 공부가 삶을 살아가는 데 중요하고 즐거움을 준다는 것을 가르쳐 주기 위한 의도에서 만들어졌다.

- 즐겁게 살자.
- 즐겁게 사는 것은 공부하는 것이다.
- 정말 즐겁게 사는 것은 정말 열심히 공부하는 것이다.
- 정말 즐겁게 사는 것은 삶의 의미를 깨치기 위해 안간힘을 쓰는 것이다.

- 우리는 학생이다.
- 학생의 일은 공부이다.
- 배움은 즐거움이다.
- 공부는 기쁨이고 희열이다.
- 건강한 학생은 배우기를 부지런히 하는 사람이다.
- 건강하지 않는 학생은 배우기를 게을리하는 사람이다.

- 배워야 산다.
- 배우지 않으면 죽는다.
- 배워서 알아야 산다.
- 배우지 않아 모르면 죽는다.

- 배움은 깨침이다.
- 배움은 즐거움이다.
- 배움은 기쁨이고 희열이다.
- 배움에는 권태가 없다.
- 배우기를 멈췄을 때 권태가 나타난다.
- 배움은 깨달음이다.
- 깨달음은 눈을 번쩍 뜨게 하는 삶의 희열이다.

우리가 학생으로서 자신의 열등감을 극복하기 위해 열심히 공부하는 것이 필요하다. 우리 각자가 나름대로 가지고 있는 자신의 열등한 측면을 보상하기 위해서 필요한 지식과 기술을 터득해야 한다. 아들러는 삶의 추동으로서 의미 추구, 목적 추구를 가정하였다. 그의 관점에 따르면 우리의 목적 추구는 배워 가는 과정, 깨쳐 가는 과정이라고 할 수 있다. 삶은 정체된 상태가 아니라 되어 가는 과정이다. 우리 각자는 현재 상태보다 더 나은 상태를 지향해서 나아가고 있다. 우리가 원하는 성공 추구를 달성하기 위해 격려가 필요하다.

격려하며 즐겁게 살기

즐겁게 사는 비결은 무엇인가? 격려하며 사는 것이다. 배움의 과정에서 즐겁게 사는 비결은 자기격려와 타인격려를 하며 사는 것이다. 왜냐하면 격려는 우리에게 자신감과 책임감을 불어넣어 주기 때문이다.

우리는 자기대화나 타인과의 의사소통을 통해 궁극적으로 자신이나 타인에게 바람직한 행동변화가 일어나기를 원한다. 우리가 하는 모든 대화 스타일은 상대방을 격려시키거나 낙담시키는 두 가지 방식으로 일어난다. 당신이 상대방을 낙담시키는 방식으로 의사소통을 한다면 상대방의 풀을 죽여 버리기 때문에 즐겁게 살 수 없다. 반면에 당신이 상대방을 격려시키는 방식으로 의사소통을 한다면 상대방의 풀, 즉 용기를 살리기 때문에 즐겁게 살 수 있다.

현재 대부분 사람들은 자신이 기대하거나 원하는 것을 상대방이 잘했을 때 칭찬을 하거나 못했을 때 질책하거나 비난한다. 칭찬은 비난하거나 꾸짖는 것보다 물론 더 낫다. 하지만 칭찬은 상대방이 잘했을 때만 주어지고 외적 동기에 의존하는 것이기 때문에 칭찬받기 위해 남들과 경쟁하면서 심한 스트레스를 받을 수 있을 뿐만 아니라 칭찬받지 못했을 경우에는 심하게 낙담에 빠질 수 있다.

- 격려하며 살자.
- 격려하는 용기의 전도사가 되자.
- 격려하는 화목한 가정을 이루자.
- 격려하는 낙오자 없는 학교를 이루자.
- 격려하는 갑질 없는 직장을 이루자.
- 격려하는 행복한 사회를 이루자.

개인이 신바람 나게 사는 사회는 격려하는 사회이다. 우리가 격려하는 사회를 만들기 위해 먼저 자신에게 용기를 불어넣는 자기격려를 생활화하는 것이 요구된다. 삶의 터전인 가정, 학교, 직장에서 구성원이 행복한 생활을 위해 칭찬이나 처벌보다 격려가 필요하다. 개인의 행복한 삶을 위해 비교와 경쟁보다 기여와 협력이 요구된다. 행복한 삶을 위해 사회적 존재로서 개인이 단순히 있는 그대로 자신과 타인의 실존을 수용하는 것이 요구된다. 사람들이 상호존중하는 사회를 만들기 위해 우리에게 정말 필요한 것은 사회적 평등에 대한 믿음과 격려이다. 행복한 사회를 위해 우리는 각자 '나는 있는 그대로로서 충분히 훌륭하다(I am good enough as I am).'는 자기격려와 '당신도 있는 그대로로서 충분히 훌륭하다(You are good enough as you are).'는 타인격려를 실천하는 것이 필요하다.

자기격려로 하루를 시작하기

삶은 영원한 현재(present)이고 우리에게 주어진 선물(present)이다. 그래서 우리에게 주어진 매일매일의 삶은 축복이다. 축복의 아침을 격려로 시작하자. 아침에 잠에서 깨어나 눈을 뜨고 '나는 있는 그대로로 참 훌륭해(I am good enough as I am).'라고 자기격려하면서 하루를 시작하자. 분명히 당신이 자기낙담보다 자기격려로 하루를 시작할 때, 당신은 두려움보다 용기를 갖고 인생과제를 해결하면서 자기성장을 위해 열심히 활동할 수 있다.

격려는 있는 그대로 전체로서 자신에 대한 믿음에서 비롯된다. 변화는 있는 그대로의 자신이 되려고 노력할 때 일어난다. 당신은 있는 그대로의 당신이다. 당신은 현재 있는 그대로로서 충분히 괜찮다. 당신은 이러한 자기격려를 통해 자신감을 갖고 당신에게 주어진 축복인 삶을 슬기롭게 영위할 수 있다.

인간은 불완전하다. 잘못할 수 있다는 것은 불완전한 인간에게 당연하다. 우리는 불완전한 인간으로서 실수하고 실패할 수 있다. 우리는 실수나 실패를 통해, 시행착오를 통해 학습하면서 보다 나은 해결책을 찾는다.

당신이 하루를 시작하면서 하는 긍정적 자기대화나 기도를 통해 자신을 격려하라. 다음과 같은 자기격려나 격려기도문으로 하루를 시작하라.

- 나는 인간이고 불완전해. 그래서 나는 실수하거나 실패할 수 있어. 나는 있는 그대로 충분히 훌륭해.

- 신이여 저에게 저의 내적 불안을 참아 낼 침착함을,
  불완전할 용기를,
  용서하고 사랑할 용기를,
  그리고 저의 지식과 경험의 식견을 확장할 지혜를 주소서.

칭찬보다 격려하기

사람들은 흔히 무시하거나, 비난하거나, 비판하거나, 처벌하지 말고 칭찬하라고 말한다. 맞는 말이다. 개인의 행동변화를 위해 비난이나 체벌보다 칭찬이 더 효과적이다. 분명히 사람들은 비난보다 칭찬을 원한다. 많은 사람은 칭찬과 격려를 같거나 유사한 것으로 생각한다. 만일 당신이 그렇게 생각한다면 반드시 이 부분을 읽고 격려와 칭찬의 차이를 확실히 구분할 수 있기를 기대한다. 개인에게 미치는 칭찬과 격려의 효과는 매우 다르다. 칭찬은 동기의 외적 원천을 제공한다. 반면에 격려는 동기의 내적 원천을 제공한다. 내적 동기는 개인이 어떤 일을 잘하는 것에 대한 자신의 내적 만족감에서 비롯된다.

칭찬과 격려는 매우 다르다. 칭찬은 잘 수행된 일에 대한 보

상과 같으며 경쟁의 정신을 함축한다. 칭찬은 외적 평가에 근거하며 계속적으로 얻어져야 한다. 칭찬하지 말고 격려하라. 왜냐하면 칭찬은 상대방을 낙담시킬 수 있기 때문이다.

칭찬은 성취에 대한 보상으로서 칭찬하는 사람에 의해 의도되어 주어지지만, 칭찬받는 사람은 인간으로서 자신에 의해서 칭찬을 해석한다. 칭찬은 상대방의 자신감을 위협한다. 예를 들면, '당신은 좋은 사람이다.'와 같은 진술처럼, 상대방이 어떤 사람이라고 언급되는 칭찬은 사용되지 않아야 한다. 왜냐하면 그러한 칭찬의 결여는 '당신은 나쁜 사람이다.'라는 것을 함축하기 때문이다.

격려는 개인이 중요하게 여기는 타인의 지지를 받으면 삶의 도전을 극복할 수 있다는 자신의 내적 능력에 대한 믿음에 근거한다. 반면에 낙담은 항상 어떤 상황에서 개인의 자기 자신에 대한 평가에 근거한다. 개인이 부적절하다고 느낄 때 자신에 대한 낙담된 자기평가가 나타나게 되며, 그 결과로서 제한된 용기를 갖게 된다.

우리가 상대방의 잘못된 이미지를 강화시키는 모든 행동은 상대방을 낙담시킨다. 격려는 상대방이 소속한 집단에서 중요한 구성원이라는 것을 이해하도록 도와주는 행동이다. 격려를 제공하기 위해 우리는 상대방이 한 일은 수용되지 않을 수 있지만, 상대방이 있는 그대로로서 수용될 수 있다는 것을 전달하는 것을 배워야 한다.

개인이 자기격려를 잘할 때 타인격려도 잘할 수 있다. 낙담한 부모 아래 낙담한 자녀가 있다. 낙담한 부모는 낙담시키는 표현으로 자녀를 낙담시켜 낙담한 자녀가 되게 한다. 부모가 자신을 있는 그대로 수용해서 자신에 대한 자기존중감을 갖고 자기격려를 잘할 때 역시 자녀를 잘 격려할 수 있다. 격려는 낙담의 결여다. 낙담을 제거하기 위해 자신의 한계와 실패에 대한 수용인 불완전할 용기를 가지는 것이 필요하다.

격려의 기본적 방법은 다음과 같다.

첫째, 상대방을 있는 그대로 존중하고 수용하라.
둘째, 상대방의 자기존중감을 고양시키라.
셋째, 상대방이 자신을 믿을 수 있도록 상대방에 대한 믿음을 보여 주라.
넷째, 상대방이 성공적 경험을 통해 자신감을 가질 수 있도록 계획하라.

우리는 누구나 살아가면서 어렵고 힘든 일을 많이 경험한다. 우리는 지금까지 어려운 일에 맞서 참고 헤쳐 온 자신을 생각하면서 대견스러워한다. 우리는 또한 앞으로도 어려운 일들을 마주치리라는 것을 예견한다. 부적응을 경험하고 있는 사람들은 대부분 심리적으로 낙담한 상태에 있다. 또한 심리적인 문제를 가진 대부분의 사람들은 낙담하여 좌절한 상태에서 상담을 찾는다. 자신에게는 더 이상 희망이 없다고 포기한 상태에서 조력을 요청한다. 세르반테스(Cervantes)는 "삶이 있는 한 희망이 있다."라고 하였다. 아들러학파인 드레이커스(Dreikurs)는 "식물이 물이 필요하듯 인간에게는 격려가 필요하다."라고 하였다.

내담자를 조력하는 개인심리학 상담 방법으로 '격려치료'가 있다. 격려치료에서 상담자의 주요한 역할은 낙담한 내담자에게 용기를 불어넣는 것이다. 격려치료에서 보면 심리적으로 문제를 가진 사람은 용기를 잃고 낙담한 사람이다. 우리는 각자 크고 작은 많은 어려움에 부딪히며 삶을 영위한다. 사람들을 크게 두 분류로 나누면, 어려움에 포기하고 용기를 잃고 낙담한 사람들과 자신이 아무리 어려운 상황에 처해도 좌절하지 않고 용기를 가진 사람들로 구분할 수 있다. 정신적으로 건강한 사람이라면 끊임없이 자신을 격려하면서 용기를 잃지 않는 사람이라고 할 수 있다. 심리적으로 고통을 받고 있는 사람이라면 용기를 잃고 자신감과 책임감을 상실한 낙담한 사람이라고 할 수 있다. 그러므로 우리의 삶에 정말 중요한 것은 우리에게 용기를 갖고 행동하게 하는 격려이다.

어떤 어려움에도 좌절하지 않는 용기를 가진 사람은 강한 인내심을 가진다. 참아 내지 못하고 포기한 사람은 환자가 된다. 우리는 자신을 격려하고, 격려하고, 또 격려하면서 우리의 가슴에 용기를 불어넣는 것이 필요하다.

격려는 삶이 우리를 아무리 힘들게 하더라도 용기를 잃지 않도록 북돋는 것이다. 격려는 칭찬과 질적으로 다른 개념이다. 칭찬은 인간의 수행의 결과에 초점이 맞추어져 있다. 하지만 격려는 수행의 결과보다는 수행 그 자체와 인간에게 초점이 맞추어져 그의 삶의 추진력을 잃지 않도록 용기를 불어넣는 것이다. 따라서 삶이 아무리 힘들어도 포기하지 않고 헤쳐 갈 수 있다는 용기를 심어 주는 격려는 우리에게 가장 필요한 것이다. 낙담에서 벗어나 성공적 삶을 위해 격려하고, 격려하고, 또 격려하라.

당신이 즐겁고 신바람 나게 살기 위해서 칭찬보다 격려가 필요하다. 당신이 실수나 실패로 의기소침해 있을 때 용기를 갖고 다시 도전하게 하는 것이 자기격려이다. 우리가 실수하거나 부적절한 행동을 해서 누군가로부터 질책이나 비난을 받았을 때 분명히 낙담에 빠진다는 것을 잘 알고 있다. 비난하기나 질책하기가 이렇게 부적절한 대화방식인지 잘 알면서도 우리는 상대방을 낙담시키는 질책과 비난을 되풀이해서 사용한다.

칭찬은 고래를 춤추게 하지만, 격려는 사람을 즐거운 마음으로 춤추게 한다. 당신이 신바람 나게 춤추며 생활할 수 있도록 당신 자신을 격려하고, 격려하고, 또 격려하라. 역시 당신과 관계하는 누군가가 자신을 믿고 즐겁게 생활할 수 있도록 상대방을 격려하고, 격려하고, 또 격려하라.

9
장

여섯 번째 성공의 비결:
사회적 관심

9장

여섯 번째 성공의 비결:
사회적 관심

인간은 한시도 사회를 떠나 살아갈 수 없는 사회적 존재로 사회에 소속되고자 하는 기본적 욕구를 가지고 있다. 우리는 누구나 인간으로 인간애, 인류애를 공동체에서 느끼고 표현하면서 살아간다. 사회적 관심은 인간이 사회의 구성원으로서 사회에 소속되고자 하는 소속감으로 바탕이 되는 감정은 인간에 대한 사랑이다. 진정으로 성공한 사람은 인간으로서 인간에 대한 사랑을 느끼고 표현하면서 타인과 함께 자신의 성공 추구를 해 가면서 인류애를 발휘하는 사람이라고 할 수 있다.

개인의 성공 추구가 타인에게 해를 끼치면서 이루어지는 것은 그릇된 사적 논리에 따른 것으로 옳지 않다. 우리는 사회적 존재로서 타인과 협동하면서 사회에 기여하는 행동을 통해 자신의 성공 추구를 하는 것이 필요하다. 즉, 개인이 성공적인 삶을 살기 위해서는 사회적으로 유용한 생활양식을 가져야 한다. 아들러(Adler)는 개인의 정신건강의 준거로서 사회적 관심을 사용하였다. 성공적인 삶을 위해 우리는 사회적 존재로서 타고난 잠재력인 사회적 관심을 개발해야 한다. 사회적 존재로서 우리는 각자 타인과 함께하면서 소속감을 느끼며 생활한다. 인간이 다른 동물에 비해 열등한 신체적 조건을 가지고도 만물의 영장이 된 것은 공동체를 이루어 타인과 함께하는 지혜를 발휘해 왔기 때문이다.

S triving for superiority: 자기완성 추구

U nderstanding oneself: 자기이해

C onfidence: 자신감

C ourage: 용기

E ncouragement: 격려

S ocial interest: 사회적 관심

S ocial equality: 사회적 평등

사회적 관심은 경청을 통해 상대방을 진정으로 이해하고 배려하는 공감이다. 자기관심은 사회적 관심의 결여이다. 사회적 관심은 자신과 타인의 이익을 함께 고려하는 공익이다.

- 사회적 관심은 공감(共感)이다.

- 공감(共感)은 공감(恭感)이다.

- 진정한 공감(共感)은 몸과 마음으로 하는 공감(恭感)이다.

- 모든 사람은 공감(共感)받기를 원한다.

- 당신이 공감받기를 원하면 상대방을 먼저 공감하라.

- 행복한 사회는 구성원들이 공감하는 가정, 학교, 직장에서 비롯된다.

- 사회적 관심은 공익(公益)이다.

- 건강한 사람은 공익(公益)을 먼저 생각하는 사람이다.

- 건강하지 않은 사람은 사익(私益)만을 챙기는 사람이다.

- 성공한 사람은 공감하고 공익을 위해 노력하는 사람이다.

- 실패한 사람은 공감하지 못하고 사익을 챙기는 데 몰두하는 사람이다.

인간은 사회적 존재로서 타인과의 사회적 관계 없이는 생존할 수 없다. 인류는 지구촌에서 공동체로서 더불어 사는 지혜를 발전시켜 왔다. 지구촌에 있는 이웃, 마을, 부락, 도시, 국가 간의 갈등은 계속되고 있다. 우리의 문제는 대부분 개인과 개인, 집단과 집단 관계에서 비롯된다. 프로이트(Freud)는 "인간은 태어나서 죽을 때까지 어두운 지하실에서 끊임없이 갈등하는 존재이다."라고 은유적으로 표현하였다. 즉, 그는 개인이 자신의 욕구충족을 위해 무의식에서 그가 제안한 세 가지 자아인 원초아, 자아, 초자아 간의 갈등이 삶이 지속되는 한 계속된다는 것을 주장하였다. 아들러는 대부분의 개인적 문제가 전체로서 행동하는 개인과 개인 간의 관계에서 비롯된 심리적 갈등에서 비롯된다고 보았다. 아들러는 모든 심리적 문제가 상대방을 낙담시키거나 사회적 열등감을 갖게 하는 행동에서 야기된다고 믿었다. 우리는 모든 인간관계에서 서로 간에 상대방을 격려시키는 행동을 하거나 낙담시키는 행동을 한다. 사회적 관심이 높은 사람은 공감적 대화로 상대방을 배려하기 때문에 상대방을 낙담시키지 않는다.

사회에 대한 소속감과 이웃사랑

아들러는 사회적 관심을 성경에 나오는 '이웃사랑'이라고 표현하기도 하였다. 사랑은 믿음과 소망보다 위대하다. 성공을 위해 주변 사람들에게 사랑을 실천하면서 생활하는 것이 필요하다. 증오는 사랑의 결여이다. 사회적 관심이 높은 사람은 타인을 증오하지 않고 사랑을 실천하는 사람이다.

누구나 사랑받기를 원한다. 사랑받기를 원하지 않는 사람은 없다. 이처럼 우리는 누군가로부터 사랑받기를 원하면서 자기 자신이나 타인을 미워하며 살아가는 것과 같이 어처구니없는 잘못을 범하고 있다. 인간애, 인류애를 느끼면서 자신을 진정으로 사랑하는 사람이 타인도 마음을 다해 사랑할 수 있다. 당신 주변의 사랑받기를 원하는 사람에게 사랑을 베풀어라. 아이러니하게도 우리가 어떤 기대도 없이 누군가에게 사랑을 베풀면 언젠가 베푼 만큼 돌아온다는 것을 명심하자. 우리가 자나 깨나, 슬프고 괴로울 때나, 힘들고 고통스러울 때나 어머니를 그리워하는 이유는 어머니가 우리에게 베푼 무조건적인 사랑을 온몸과 온 마음으로 느꼈기 때문이다. 행복을 위해 서로가 주고받는 상호사랑을 실천하면서 생활하는 것이 필요하다.

사회적 관심은 사회에 대한 소속감이다. 소속감은 사랑이다. 아들러의 영향을 받은 인본주의 심리학자인 매슬로(Abraham Maslow)는 그가 제안했던 잘 알려진 욕구위계에서 소속감 혹은 사랑이 자기실현을 위한 선행욕구로서 작동한다는 것을 주장하였다. 대부분의 비행청소년은 가정에 대한 소속감을 느끼지 못하고 가정 밖에서 또래아이들과 어울리면서 더 많은 소속감을 느끼고 비행의 덫에 빠져든다. 역시 청소년들이 가출하는 주요한 이유도 가정에서 느낄 수 없는 소속감을 가정 밖에서 발견하기 때문이다. 부모의 미움이나 무관심으로 가슴에 멍이 든 아이들은 가정 밖에서 또래들의 사랑이나 관심을 통해 강한 유대를 형성하면서 소속감을 발달시킨다. 부모는 청소년들이 사회적 이탈 없이 가정 내에서 사랑과 소속감을 가지고 생활할 수 있도록 민주적 부모 역할을 수행해야 한다.

성공을 위해 협동과 기여로 생활하기

사회적 관심의 주요한 구성요인은 협동과 기여이다. 눈도 뜨지 않는 갓난아이가 엄마의 젖을 빠는 것을 상상해 보라. 갓난아이는 엄마의 도움 없이 젖꼭지를 빨 수 없다. 엄마와 협력 없이 아이가 생존할 수 없다. 갓난아이는 엄마의 기여 없이 생명을 부지할 수 없다. 엄마와 아이의 관계에서 협동과 기여가 없어서는 안 되는 것처럼 우리가 사회적 관계를 유지하는 데 협동과 기여가 요구된다.

아들러는 모든 부적응적인 사람은 낮은 수준의 사회적 관심을 가지고 있다고 믿었다. 우리는 각자 진정한 변화를 통해 행복한 삶을 구현하기 위해 노력하고 있다. 사회적 존재로서 모든 개인은 행복한 삶을 위해 타고난 사회적 관심을 개발하는 것이 필요하다. 우리는 연약한 존재로 태어났기 때문에 부모나 타인의 돌봄이 없이는 생존하기 힘들다. 사회적 관심의 주요한 구성요인은 협동과 기여이다. 개인이 자신이 속한 공동체에서 자신과 공동체의 발전을 위해 무엇보다 중요한 것은 구성원들의 협동과 기여이다.

아들러는 "사회적 관심은 상대방의 눈으로 보고, 상대방의 귀로 듣고, 상대방의 마음으로 느끼는 것이다."라고 하였다. 이러한 표현을 통해 사회적 관심이 역지사지(易地思之)의 입장에서 상대방을 이해하는 공감적 이해와 비슷한 의미를 가진다는 것을 알 수 있다. 당신이 잠재력으로 갖고 태어난 사회적 관심을 개발함으로써 원활한 대인관계를 이룰 수 있다. 당신의 성공을 위해 타인과의 협동과 기여를 통한 원만한 인간관계를 맺고 유지하는 것이 필요하다.

사회적 관심을 가지고 즐겁게 살기

우리가 가장 그리워하는 것은 사람이다. 개인은 혼자 살 수 없다. 우리는 타인과 더불어 산다. 우리는 인간의 기본적 욕구인 소속감을 충족시키면서 주변 사람들로부터 사랑을 주고받으며 생활한다. 즐겁게 살기 위해 주변 사람들과 친밀한 관계를 맺는 것이 필요하다. 요즘 적지 않은 사람들이 다른 사람들과 친밀한 관계를 맺지 못하고 외로움이나 고독을 느끼며 생활한다. 심지어는 고독으로 죽음을 택하는 고독사도 증가하는 추세이다.

우리는 사회적 존재로서 타인과 함께 즐겁게 살기 위해 각자가 가지고 태어난 사회적 관심을 증진시키는 것이 필요하다. 사회적 관심의 핵심 구성요인은 협동과 기여이다. 다시 말하면,

사회적 관심이 높은 사람은 타인과 협동하면서 타인을 위해 기여하려고 노력한다. 반면에 사회적 관심이 낮은 사람은 협동과 기여보다 경쟁과 비교를 통해 타인을 배려하지 않고 자기이익을 챙기기 위해 노력하는 이기주의자라고 할 수 있다.

사회적 관심이 높은 사람은 기본적으로 타인에 대한 인간애를 가지고 있다. 그리고 동정보다 공감하면서 주위 사람들과 함께 희로애락(喜怒哀樂)을 느끼며 생활한다. 즉, 높은 사회적 관심을 가진 사람은 타인과 함께 기쁨, 분노, 슬픔의 감정을 표현하면서 즐겁게 삶을 살아간다고 할 수 있다.

높은 사회적 관심을 가지고 사는 가족은 가족구성원들이 협동하고 기여하면서 애틋한 가족애를 서로에게 표현하면서 즐겁게 생활한다.

사회적 관심이 높은 학생은 학교에 대한 소속감 및 사랑을 가진다. 그리고 이러한 소속감을 바탕으로 학급의 일에 협동하고 기여하면서 급우와 우정을 표현하면서 즐거운 마음으로 생활한다.

직장에서 사회적 관심이 높은 사람은 직장 내에서 발생하는 일을 협동하고 기여하면서 해결해 갈 뿐만 아니라 직장동료들과 따뜻한 동료애를 느끼면서 즐거운 마음으로 직장생활을 한다.

10
장

일곱 번째 성공의 비결:
사회적 평등

10 장

일곱 번째 성공의 비결:
사회적 평등

개인이 성공하기 위해 타인과 상호존중 하는 교류를 하지 않으면 안 된다. 인간은 사회적 존재로서 성공적인 삶을 위해 원만한 인간관계를 유지하면서 사는 것이 필요하다. 인간은 누구나 존중받기를 원한다. 당신이 누군가로부터 존중받기를 원하면 먼저 상대방을 존중해 주는 것이 필요하다. 모든 사람은 평등하게 태어났다. 사회적 평등(social equality)은 모든 사람이 인간으로서 사회적 지위가 동등함을 의미한다. 성공 추구를 위해 우리는 사회적 평등에 대한 확고한 믿음을 가지고 타인과 관계하는 것이 요구된다.

아들러(Adler)는 모든 사람의 사회적 평등이 보장되는 사회를 바라던 시대의 선각자였다. 제2의 아들러라 호칭되는 드레이커스(Dreikurs)는 아들러의 뜻을 이어받아 진정한 민주주의의 도전은 사회적 평등을 실현하는 것이라고 주장하였다. 100년 전인 20세기 초반에 아들러는 개인의 자유, 사회적 책임감, 아동과 여성의 권리를 믿었다. 다시 말하면, 아들러는 모든 사람의 사회적 평등을 믿고 실천한 진정한 민주주의 실현을 갈망했던 시대의 예언자였다. 현재 민주주의는 더 나은 사회를 이루기 위해 진화하고 있다. 진정한 민주적 사회의 실현은 사회적 평등을 구현해서 모든 사람이 인간 대 인간으로서 상호존중하며 사는 사회이다.

Striving for superiority: **자기완성 추구**

Understanding oneself: **자기이해**

Confidence: **자신감**

Courage: **용기**

Encouragement: **격려**

Social interest: **사회적 관심**

Social equality: 사회적 평등

- 상호존중은 사회적 평등에서 비롯된다.
- 상호존중은 공경(共敬)이다.
- 진정한 공경(共敬)은 몸과 마음으로 하는 공경(恭敬)이다.
- 모든 사람은 공경(恭敬)받기를 원한다.

- 당신이 공경받기를 원하면 상대방을 먼저 공경하라.

- 당신이 공대(恭待)받기를 원하면 먼저 상대방을 공대하라.

- 모든 사람은 하대(下待)받기를 원하지 않는다.

- 당신이 하대받는 사람이면 당신이 하대하는 사람이다.

- 당신이 공경받기 위해 공경할 용기가 필요하다.

- 행복한 사회는 구성원들이 공경하는 가정, 학교, 직장에서 비롯된다.

- 수많은 산이 있다.

- 세계에서 가장 높은 히말라야산이 있다.

- 백두산, 한라산, 설악산, 관악산 등 수많은 산이 있다.

- 산은 산이다.

- 모든 산은 서로 높고 낮다고 등위를 매기지 않는 무등산이다.

- 작은 산은 높은 산과 비교해서 열등감으로 위축되지 않는다.

- 높은 산은 낮은 산과 비교해서 우월감으로 으쓱대지 않는다.

- 모든 산은 있는 그대로 나름대로 자신의 자태를 뽐내고 있다.

- 사회적 평등은 상호존중에 선행한다.

- 인간은 행복한 실존을 위해 사회적 평등 사회를 추구해 왔다.

- 진정한 민주주의 실현은 사회적 평등의 실현이다.

사회적 평등과 사회적 불평등

모든 인간은 존중받고 행복해질 권리를 갖고 태어났다. 상호 존중하는 사회에서만 개인은 행복한 삶을 영위할 수 있다. 현재 우리 사회는 개인이 안정되고 조화로운 행복한 삶을 살 수 있게 상대방을 존중하는 사회인가? 단연 그렇지 못하다고 본다. 우리 사회는 갈등과 반목이 만연하다. 즉, 우리는 지금 가정, 학교, 직장에서 구성원들 간의 사회적 갈등이 만연한 갈등의 시대에 살고 있다. 갈등은 힘의 마찰이다. 갈등은 일반적으로 힘 있는 자가 상대방이 힘이 없다고 보고 지배하고 복종시키려고 하면서 생기는 마찰에서 비롯된다. 사회적 갈등의 해소를 위해 힘에 의한 지배와 복종이 아니라 상호존중에 의한 협동과 기여가 필요하다.

개개인이 겪는 이러한 갈등을 해결하기 위해 '사회적 평등'에 대한 자각과 실천이 필요하다. 갈등의 원천인 '사회적 불평등(social unequality)'을 해소하는 것은 쉽지 않은 과제이다. 하지만 사회적 불평등의 해소는 우리가 조화롭고 행복한 삶을 달성하기 위해 해결해야 할 이 시대의 과제이다. 사회적 평등은 '모든 인간의 사회적 지위가 동등하다.'는 것을 의미한다. 즉, 사회적 평등은 개인이 삶을 실천하는 자유인으로서 누구도 그리고 어떤 힘에 의해서도 박탈할 수 없는 타인과 동등한 사회적 지위를 가진다는 것이다.

인간은 사회적 존재로 사회의 일원이다. 사람들이 사회적 관심을 가지고 상호존중하는 행복한 사회를 만드는 데 필요한 선행요인이 사회적 평등이다. 민주주의 사회에서 만약 개인이 모든 타인과 인간 존엄과 가치에 있어 동등하다는 것을 알거나 느끼지 못한다면 자신 혹은 타인과 함께 평화롭게 살 수 없다 (Dreikurs, 1971, p. 153). 사회 내에서 협동은 기본적 원리이다. 협동 없이 구성원 간의 밀접한 삶은 전혀 가능하지 않다. 그리고 개인의 안정적 사회적 관계는 단지 사회적 평등의 관계에 근거한다(Dreikurs, 1971, pp. 156-158).

인간이 인류역사를 통해 만들어 낸 이상적인 정치체제가 민주주의이다. 민주적 사회의 핵심적 전제는 사회적 존재로서 모든 인간이 사회적 평등을 가진다는 점이다. 사회적 평등은 상호존중의 선행요건이다. 사회적 평등에 근거한 상호존중은 개인이 타인과 안정되고 조화로운 사회적 관계를 유지하게 한다. 사회적 평등은 개인이 타인과 맺는 모든 사회적 관계에서 상대방을 자기보다 열등하거나 우월하다고 지각하지 않고 동등하다고 보는 것이다.

반면에, 사회적 불평등은 개인이 타인과 맺는 사회적 관계가 동등하지 않다고 지각하는 것이다. 사회적 불평등은 사람들이 겪는 대인관계 갈등의 원천으로 작동한다. 개인의 많은 문제들의 원천은 사회적으로 평등한 존재로서 존중받지 못한 데서 기인한다. 어떤 요인에 의해서든 자신이 누군가로부터 사회적 불평등을 느끼고 있다고 지각할 경우에 심리적 상처를 받게 된다. 우리 사회에 아동학대, 가정폭력, 학교폭력, 직장폭력 등이 만연하다. 이러한 폭력은 가해자들이 사회적 평등에 대한 인식이 부족해서 사회적으로 평등한 존재로서 피해자들의 존중받을 권리를 침해한 데서 비롯된다.

상호존중의 선행요건으로서 사회적 평등

사회적 평등은 모든 사람의 '사회적 지위(social status)'가 대등하다는 것을 의미한다. 쉽게 말하면, 사람 위에 사람 없고, 사람 밑에 사람 없고, 사람 옆에 사람 있는 수평적 관계를 말한다. 민주주의는 평등한 사람 간의 관계, 근본적인 인간평등에 대한 인식을 전제한다. 사회적 평등을 '평등한 기회(equal opportunity)'라는 개념과 유사한 것으로 혼동해서는 안 된다. 평등한 기회라는 말은 기본적인 사회적 평등의 실현을 구체화하지 못함은 물론 더 악화시킨다(Dreikurs, 1971, p. 187).

수직적인 사회적 관계에서 상호존중의 관계는 불가능하다. 왜냐하면 수직적 관계는 지배와 복종의 관계이기 때문이다. 지금까지 인류역사를 통해 많은 희생과 노력을 통해 달성한 정치체제가 민주주의이다. 물론 민주주의가 여전히 진화하고 있지만, 진정한 민주주의의 달성은 사회구성원 각자가 서로 사회적 지위가 동등하다는 사회적 평등을 믿고 실천할 때 이루어진다. 아들러는 평등을 사회적 삶의 논리를 위한 근본적 선결조건으로서 인식하였다. 즉, 평등이 없다면 어떤 안정성 혹은 사회적 조화도 존재할 수 없다(Dreikurs, 1971, p. X). 우리 사회에서 민주적 진화가 모든 사람이 자신을 타인과 동등한 것으로 지각하고 사회적 관계를 맺게 이루어질 수 있도록 구성원들의 절실한 노력이 필요하다.

사회적 갈등의 원천으로서 사회적 열등감

사회적 갈등의 원천은 사회적 열등감이다. 사회적 불평등에서 파생되는 심리적 문제가 사회적 열등감과 사회적 우월감이다. 현재 한국 사회에서 나타나고 있는 대부분의 사회적 갈등은 개인이 사회적 우월감을 느끼려고 힘을 행사해서 상대방의 사회적 열등감을 유발시키는 데서 비롯된다. 상대방보다 힘이 있는 사람은 '모든 사람의 사회적 지위는 동등하다.'는 신념의 결여에서 상대방을 인간 대 인간으로서 대우하지 않고 상대방을 지배하려 한다. 하지만 힘없는 약자는 복종하지 않는다. 구시대에 작동되었던 인간의 노예근성에서 비롯된 것이 지배와 복종이다. 민주적 사회에서 지배와 복종의 인간관계는 마찰, 갈등을 초래한다. 힘이 없는 사회적 약자가 인간적 대우를 받지 못해 갖는 모멸감이 사회적 열등감이다. 이런 점에서 우리는 사회적 갈등이 사회적 불평등으로 야기된 사회적 열등감에서 비롯된다는 것을 확고하게 인식하는 것이 필요하다.

당신이 누군가로부터 존중받기를 원하면 먼저 상대방을 존중하라. 모든 사람은 타인과의 관계에서 존중받기를 원한다. 누군가가 우리를 존중하지 않고 무시하는 태도로 대할 때 우리는 사회적 열등감을 느끼며 심리적으로 상처를 받는다. 현재 민주주의의 진화과정에 있는 한국 사회에서 사회적 불평등에서 비롯된 사회적 갈등과 사회적 열등감은 많은 사회적 문제를 초래하고 있다.

사회적 불평등에서 비롯된 문제

민주적 사회에서 개개인이 행복한 삶을 위해 필요한 진정한 도전은 인간이 사회적 존재로서 사회적 평등을 실현하는 것이다. 하지만 놀랍게도 많은 사람이 사회적 지위에 대한 평등이 불가능하다고 믿는다. 인류역사를 통해 인종차별, 성차별, 연령차별 등의 문제를 해소하면서 사회적 평등을 위한 추구가 끊임없이 이루어져 왔다. 하지만 현재의 자유경쟁의 자본주의 사회에서 자본의 힘에서 비롯된 사회적 불평등에서 야기된 문제가 여전히 개인의 삶을 불행하게 하고 있다. 흔히 사람들은 경쟁에서 이겨야 살아남는다고 말한다. 다시 말하면, 경쟁에서 지면 모든 게 끝장이고 파멸이라고 생각한다. 우리 사회에서 당연한 것처럼 받아들여지고 있는 만연한 두 가지 주요한 문제는 경쟁과 '사회적 열등감(social inferiority)'이다. 개인의 사회적 열등감은 기본적으로 사회적 불평등에서 비롯됐지만 사회에서 강조하는 경쟁을 통한 등수 매기기에서 더욱 심각한 현상으로 나타난다.

사회적 불평등에서 비롯된 사회적 관계의 갈등은 다음과 같이 사회 전반에서 일어나고 있다. 이러한 갈등의 해결은 사회구성원 각자가 기본적으로 상호존중의 선행요인인 사회적 평등을 지각하고 실천할 때 가능하다고 본다.

첫째, 성별 및 연령에 따른 갈등이다. 잘 알다시피 남녀 간의 갈등을 해결하기 위한 시도로 '여성주의 상담'이 등장하였다. 연령 및 세대에 따른 갈등은 문화에 따라 다르지만, 일반적으로 나이가 많을수록 사회적 지위가 높은 것으로 간주되어 나이가 적은 사람을 하대하는 경향을 보여 왔다.

둘째, 가정에서 가족구성원 간의 갈등이다. 먼저 부부간의 갈등이다. 한국 사회에서 유교적 영향으로 남성의 권위적 및 가부장적 지위는 부부의 사회적 평등의 장애로 여전히 작동하고 있다. 다음으로 부모와 자녀 간의 갈등이다. 부모가 자녀를 사회적으로 동등한 존재로 보지 않고 지시나 명령의 대상으로 보는 경향이 강하다. 부모가 자녀에게 존중받고 싶으면 자녀를 존중해 주는 것이 필요하다. 또한 해결책으로 적절한 훈육, 논리적 결과 및 자연적 결과를 적용해서 자녀가 자신이 행동한 결과에 대해 책임을 지도록 지도하는 것이 필요하다.

셋째, 학교에서 교사와 학생 및 학생과 학생 간의 갈등이다. 현재 교사와 학생 간의 갈등은 매우 심각하다. 해결책으로 일단 객관적으로 힘을 가진 교사가 학생을 동등한 존재로 보고 존중해 주는 것이 요구된다. 교사가 학생에게 존중받고 싶으면 먼저 학생을 존중해 주어야 한다. 학생들 간의 갈등 역시 많은 문제를 야기하고 있다. 학생들에게 힘의 논리가 아닌 사회적 평등의 원리가 작동하도록 교육시키는 것이 필요하다. 교사는 학교폭력을 예방하기 위해 민주적 교실 분위기를 만듦은 물론, 사회적 평등에 근거하여 학생들 간의 상호존중이 이루어지도록 지도하는 것이 요구된다.

넷째, 직장에서 구성원들 간의 갈등이다. 현재 한국 사회에서 노사 간의 갈등은 많은 문제를 야기하고 있다. 최근에 우리 사회에서 두드러지게 나타나는 갑질 논란은 힘을 가진 자가 상대방의 사회적 지위를 무시한 데서 비롯된 것이다. 또한 직위에 따른 직원들 간의 갈등이 만연하다. 민주적 직장 분위기를 만들어 직위의 남용이 아니라 사회적 평등에 따라 직원들 간의 상호존중의 문화가 정착되도록 하는 것이 필요하다.

11
장

아들러가 들려주는
성공적인 삶

11 장

아들러가 들려주는
성공적인 삶

아들러(Adler)는 그가 개발한 개인심리학을 통해 인류가 존재하는 한 인류가 계속해서 진보해 갈 것이라고 주장하였다. 아들러는 유럽 강연 여정 중에 뜻하지 않게 심장마비로 1937년에 사망하였다. 여기서는 먼저 그가 사망한 해인 1937년에 발표한 「인류의 진보(The progress of Mankind)」라는 논문에서 주장한 내용을 바탕으로 인간 이해에 대한 개인심리학의 기본 가정을 살펴보고자 한다.

첫째, 개인은 통합된 전체로서 행동한다. 아들러는 성격의 통합된 전체로서 단일성과 자기일관성을 확고하게 믿었다. 즉, 우리 각자는 유기체로서 환경 속에서 통합된 전체로서 기능한다는 것이다.

둘째, 개인은 독특한 존재로서 삶의 변화하는 문제에 대처하기 위해 행동한다. 개인의 행동을 결정하는 데 가장 중요한 것은 자신과 환경에 대한 개인의 견해이다. 아들러는 독특한 존재로서 개인의 주관적·현상학적 세계의 중요성을 강조하였다.

셋째, 개인은 자신의 삶의 문제를 해결하기 위해 '성공 추구(striving for success)'를 위해 행동한다. 아들러가 성공 추구의 의미로 사용한 다른 표현은 '완전 추구(striving for perfection)' '우월성 추구(striving for superiority)' '극복 추구(striving for overcoming)' '상향 추구(an upward striving)' '보다 나은 적응을 달성하기 위한 강요(a coercion to carry out a better adaptation)' 등이다. 아들러는 성공 추구를 모든 개인에게 존재하는 타고난 추동이라고 믿었다. 성공에 대한 판단은 개인의 주관적 견해에 의해 결정된다.

넷째, 개인은 자신이 형성한 독특한 생활양식에 따라 행동한다. 개인의 생활양식을 결정하는 두 가지 주요한 준거는 활동 수준과 사회적 관심 수준이다.

다섯째, 개인의 생활양식은 자신의 창조력에서 비롯된다. 개인은 자기를 창조할 수 있는 창조력을 가지고 있다. 개인이 형성한 생활양식은 독특하며, 이 지구상에 똑같은 생활양식을 가진 사람은 없다. 개인은 자신이 형성한 생활양식에 의해 삶을 영위한다.

여섯째, 개인은 인간의 긍정적 사회지향성인 사회적 관심을 잠재력으로 가지고 태어났다. 따라서 부모의 양육 및 교사의 교육을 통해 개인의 사회적 관심이 개발될 수 있도록 노력해야 한다.

이러한 개인심리학의 기본 가정과 아들러가 강조한 주요 개념을 바탕으로 아들러가 성공적인 삶에 대해서 어떻게 생각했는지 질문을 통해 살펴보고자 한다.

질문 1: 프로이트는 개인의 삶의 본능을 성적 추동으로 보았는데, 당신이 보는 개인의 삶의 본능은 무엇인가?

아들러: 모든 개인의 타고난 삶의 본능은 우월성 혹은 자기완성 추구이다. 개인은 인생의 전 과정을 통해 성공 추구, 즉 자기완성 추구를 달성하기 위해 끊임없이 노력하고 있다. 개인이 자신의 성공 추구를 달성하기 위해서 무엇보다 자신의 열등감을 정확히 파악하여 극복하는 것이 필요하다.

질문 2: 당신이 개발한 개인심리학의 인간관은 무엇인가? 그리고 당신이 철학적 입장으로 주장한 허구적 최종목적론은 무엇인가?

아들러: 내가 인간 이해를 토대로 발견한 인간관은 다음과 같이 다섯 가지 관점에서 설명할 수 있다.

첫째, 인간은 전체론적 존재이다. 개인은 나누어질 수 없는 존재로, 전체로서 기능한다.

둘째, 인간은 사회적 존재이다. 인간은 사회적 존재로 사회를 떠나서는 존재할 수 없으며, 타인과 함께하면서 자신의 삶의 의미를 추구하고 있다.

셋째, 인간은 목적론적 존재이다. 인간의 모든 행동에는 목적이 있다. 인간은 자신의 목적을 달성하기 위해 행동한다. 따라서 개인의 행동을 이해하기 위해서는 행동의 목적이 무엇인지를 파악하는 것이 필요하다.

넷째, 인간은 현상학적 존재이다. 개인은 독특한 존재로서 자신의 주관적 관점에 의해 세상을 이해한다. 따라서 개인을 이해하기 위해서는 개인이 독특하게 형성한 생활양식을 파악하는 것이 필요하다. 건강한 사람은 사회적으로 유용한 생활양식을 가지고 활발하게 살아간다. 반면에 건강하지 않은 사람은 독재형, 기생형, 회피형의 생활양식에 따라 행동한다. 전형적인 생활양식 조사를 위해 초기기억, 출생순위 및 가족구도, 그릇된 사적 논리, 자질, 그리고 꿈 등이 사용된다.

다섯째, 인간은 자신을 창조할 수 있는 창조적 존재이다. 개인은 누구나 독특하게 자기를 창조해 가는 창조적 존재이다.

허구적 최종목적론은 아리스토텔레스(Aristotle)의 목적원인과 바이힝거(Vaihinger)의 '마치 ~ 철학'을 조합해서 만든 철학적 관점으로 개인은 자신의 사적 견해인 허구에 의해 설정된 궁극적 목적인 자기완성 추구를 하고 있다. 개인의 행동은 목적과 개인의 사적 견해인 허구에 의해 행해진다고 볼 수 있다. 개인은 자신의 성공 추구를 위해 분명한 목적을 설정하고 긍정적 사적 논리인 공적 논리에 근거해서 생활하는 게 필요하다.

질문 3: 사회적 관심은 무엇인가? 사회적 관심은 우월성 추구처럼 타고난 추동인가? 그리고 당신은 인류의 진보를 위해 무엇보다 중요한 것이 개인의 사회적 관심 수준을 높이는 것이라고 주장했는데, 그러한 주장의 목적은 무엇인가?

아들러: 인간은 사회적 존재로서 타인과 더불어 살려는 공동체감이 필요하다. 사회적 관심은 타인을 배려하고 공감해 주는 태도로서 성경에서 강조하는 '이웃사랑'과 같은 것이다. 이러한 점에서 나는 '사회적 관심은 상대방의 눈으로 보고, 상대방의 귀로 듣고, 상대방의 마음으로 느끼는 것이다.'라고 생각한다. 사회적 관심은 타고난 추동이 아니라 잠재력이다. 따라서 부모와 교사의 생활지도 및 사회의 교육 시스템을 통해 개인이 사회적 관심을 개발할 수 있도록 노력해야 한다. 실제로 나의 삶은 부모 및 교사들의 교육을 통해 아이들의 사회적 관심 개발을 이루어지도록 노력하는 과정이었다.

질문 4: 개인은 누구나 행복한 삶을 추구하고 있다. 당신이 사람들이 추구하기를 바라는 바람직한 삶의 방향은 어떤 것인가?

아들러: 개인은 누구나 타고난 추동인 성공 추구, 자기완성 추구를 위해 행동하고 있다. 개인의 바람직한 삶의 방향을 결정하는 준거는 사회적 관심이다. 건강하지 않은 삶을 영위하는 모든 사람은 사회적 관심이 결여된 채로 성공 추구를 한다. 다시

말하면, 개인이 사회적 존재로서 타인과 협동하지 않고 사회에 기여하지 않은 채 자기이익만을 위해 타인에게 상처를 주거나 해치면서 성공 추구를 한다면 불행한 삶을 살고 있다고 말할 수 있다.

질문 5: 당신은 개인이 생애에 걸쳐 달성해야 할 세 가지 인생과제(life task)가 있다고 하였다. 행복한 삶을 위해 이러한 인생과제가 어떻게 달성되어야 하는가?

아들러: 개인이 태어나서 죽을 때까지 끊임없이 직면하는 세 가지 인생과제는 일과 직업, 사랑과 결혼, 우정 혹은 친밀한 대인관계이다. 모든 삶의 문제는 세 가지 인생과제이면서 사회적 문제인 일, 사랑, 우정과 관련되어 있다. 개인이 주관적으로 생각하는 행복한 삶의 평가기준이 다를 수 있고, 현재 자신이 행복한 삶을 영위하고 있는지 여부에 의구심을 가질 수 있다. 하지만 당신이 객관적으로 세 가지 인생과제인 일, 사랑, 사회에 대해 현재 대체로 만족을 느낀다면 당신은 행복하다고 할 수 있다.

질문 6: 당신은 심리적·사회적으로 문제가 있는 모든 사람의 보편적인 세 가지 특징에 대해 언급하였다. 그러한 세 가지 특징은 무엇인가?

아들러: 사회적·심리적으로 문제가 있는 모든 사람의 세 가지 특징은 사회적 관심의 결여, 상식의 결여, 용기의 결여이다.

첫째, 사회적 관심이 결여된 사람은 사회적으로 유용하지 않은 생활양식으로 삶을 영위한다. 사회적 관심은 개인의 정신건강의 준거이다. 즉, 사회적 관심이 낮은 사람은 타인을 배려하지 않고 희생시키면서 자신의 목적을 추구한다.

둘째, 상식이 결여된 사람은 자신이 형성한 그릇된 사적 논리에 따라 생활하는 사람이다. 상식이 없게 행동하는 사람은 사회를 유지하는 데 필요한 공적 논리가 부족한 사람이다. 상식이 없는 사람은 정상적인 행동을 하지 않고 부적절한 개인적 논리에 따라 비정상적인 행동을 한다.

마지막으로 용기가 결여된 사람은 낙담된 사람으로, 두려움으로 삶의 요구에 도전하지 못하는 사람이다. 삶은 움직임이고 활동이다. 개인의 용기는 개인이 직면한 어려움을 헤쳐 나가도록 도전하고 행동하게 한다. 반면에 두려움은 개인이 처한 난관을 헤쳐 가지 못하도록 주저하게 하거나, 회피하고 도피하게 하며, 옴짝달싹 못 하게 한다. 개인이 자신의 열등감을 극복하고 자기완성을 달성하기 위해서는 그에게 주어진 난관을 헤쳐 나갈 용기가 필요하다.

질문 7: 당신은 특히 개인이 자신의 문제를 해결하기 위해 '불완전할 용기(courage to be imperfect)'를 갖는 것이 필요하다고 역설하였다. 대체 불완전할 용기란 무엇인가?

아들러: 불완전할 용기는 불완전한 존재로서 있는 그대로 자

기가 될 용기이다. 사람이 된다는 것은 자신이 열등하다고 느끼는 것을 의미한다. 개인은 기본적으로 자신의 열등감을 극복하면서 성공 추구, 우월성 혹은 자기완성 추구를 하고 있다. 현재 우리 사회를 지배하고 있는 만연해 있는 사회적 현상은 타인과의 비교와 경쟁의 논리이다. 개인이 살아남기 위해서 그리고 경쟁에서 이기기 위해서는 실수하지 않고 완전하게 행동할 것을 강조한다. 하지만 인간은 불완전한 존재로 사람이 된다는 것은 실수하고 실패할 수 있다는 것이다. 개인의 진정한 변화는 실수하고 실패하는 불완전한 인간으로서 있는 그대로의 내가 되려고 노력하는 불완전할 용기를 발휘할 때 일어난다.

참고문헌

김상일(1997). **러셀 역설과 과학 혁명 구조**. 서울: 솔출판사.

노안영(2005). **상담심리학의 이론과 실제**. 서울: 학지사.

노안영(2016). **불완전할 용기**. 서울: 솔과학.

노안영, 강만철, 오익수, 김광운, 송현종 공역(2001). **애들러 상담이론: 기본 개념 및 시사점**. Lundin, R. W. 저. 서울: 학지사.

노안영, 강만철, 오익수, 김광운, 송현종, 강영신, 오명자 공역(2005). **아들러 상담이론과 실제**. Sweeney, T. J. 저. 서울: 학지사.

박재현 역(2015). **아들러 심리학을 읽는 밤**. 기시미 이치로 저. 서울: 살림출판사.

전경아 역(2014). **미움받을 용기**. 기시미 이치로, 고가 후미타케 저. 서울: 인플루엔셜.

Adler, A. (1927). *Understanding human nature*. New York: Greenberg.

Adler, A. (1937). The progress of mankind. In H. L. Ansbacher & R. R. Ansbacher (Eds.), *Superiority and social interest* (pp. 23-40). New York: W. W. Norton & Company.

Adler, A. (1969). *The science of living*. New York: Doubleday & Company.

Ansbacher, H. L., & Ansbacher, R. R. (Eds.). (1964). *The individual psychology of Alfred Adler*. New York: Harper & Row/ Torchbooks. (Original work published in 1956)

Ansbacher, H. L., & Ansbacher, R. R. (Eds.). (1964). *Superiority and social interest*. New York: W. W. Norton & Company.

Azoulay, D. (1999). Encouragement and logical consequences verses rewards and punishment: A reexamination. *The Journal of Individual Psychology, 55*(1), 91-99.

Bahlmann, R., & Dinter, L. (2001). Encouraging self-encouragement: An effect study of the encouraging-training Schoenaker-concept. *The Journal of Individual Psychology, 57*(3), 273-288.

Cheston, S. E. (2000). Spirituality of encouragement. *The Journal of Individual Psychology, 56*(3), 296-304.

Corey, G. (2005). *Theory and practice of counseling and psychotherapy* (7th ed..). Belmont, CA: Brooks/Cole.

Dagley, J. C., Campbell, L. F., Kulic, K. R., & Dagley, P. L. (1999). Identification of subscales and analysis of reliability of an encouragement scale for children. *The Journal of Individual Psychology, 55*(3), 355-364.

Dinkmeyer, D. (1972). Use of the encouragement process in Adlerian counseling. *Personnel and Guidance Journal, 51*(3), 177-181.

Dinkmeyer, D., & Losoncy, L. (1980). *The encouragement book: Becoming a positive person.* Englewood Cliffs, NJ: Prentice-Hall.

Dinkmeyer, D., & McKay, G. (1996). *Raising a responsible child: How to prepare your child for today's complex world.* New York: Simon & Schuster.

Dinkmeyer, D. Jr., & Sperry, L. (2002). *Counseling and psychotherapy: An integrated Individual Psychology approach* (3rd ed.). Upper Saddle River, NJ: Merrill/Prentice-Hall.

Dreikurs, R. (1971). *Social equality: The challenge of today.* Chicago, IL: Adler School of Professional Psychology.

Dreikurs, R. (1989). *Fundamental of Adlerian psychology.* Chicago, IL: Adler School of Professional Psychology.

Dreikurs, R., Grunwald, B. B., & Pepper, F. C. (1998). *Maintaining sanity in the classroom: Classroom management techniques* (2nd ed.). Philadelphia, PA: Taylor & Francis.

Grey, L. (1998). *Alfred Adler, the forgotten prophet: A vision for the 21st century*. Westport, CT: Praeger Publishers.

Hooper, A., & Holford, J. (1998). *Adler for beginners*. New York: Writers and Readers Publishing.

Losoncy, L. (2001). Encouragement therapy. In R. J. Corsini (Ed.), *Handbook of innovative therapy* (2nd ed.). New York: John Wiley & Sons, Inc.

Manaster, G. J., & Corsini, R. J. (1999). *Individual psychology: Theory and practice*. U.S.A.: Adler School of Professional Psychology.

May, R. (1975). *The courage to create*. New York: W. W. Norton & Company.

McKay, G. D. (1992). *The basics of encouragement*. Coral Springs, FL: CMTI Press.

Miller, G. (2003). *Incorporating spirituality in counseling and psychotherapy: Theory and practice*. Hoboken, NJ: John Wiley & Sons.

Mosak, H. H., & Maniacci, M. P. (1995). *A primer of Adlerian psychology: The analytic-behavioral psychology of Alfred Adler*. Ann Arbor, MI: Braun-Brumfield.

Mosak, H. H., & Maniacci, M. P. (1998). *Tactics in counseling and psychotherapy*. Itasca, IL: F.E. Peacock Publishers.

Richards, P. S., & Bergin, A. E. (1997). *A spiritual strategy for counseling and psychotherapy*. Washington, DC: American Psychological Association.

Rogers, C. R. (1951). *Client-centered therapy: Its current practice, implications, and theory*. Boston: Houghton Mifflin Company.

Rule, W. R., & Bishop, M. (2006). *Adlerian lifestyle counseling: Practice and research*. New York: Routledge.

Sweeney, T. J. (1989). *Adlerian counseling: A practical approach for a new decade* (3rd ed.). Bristol, PA: Accelerated Development.

Taylor, J. F. "Encouragement vs. Praise." *Unpublished manuscript presented at a workshop in Portland*, Oreg., January, 1979.

Thoreau, H. D. (1854). *Walden, or Life in the woods*. Danbury, Connecticut: Grolier Enterprises Corp.

Tillich, P. (1952). *The courage to be*. New Haven: Yale University Press.

Vaihinger, H. (1924). *The philosophy of As If: A system of the theoretical, practical and religious fictions of mankind*. London: Routledge & Kegan Paul LTD. (Original work published 1911).

Watts, R. E., & Pietrzak, D. (2000). Adlerian "encouragement" and the therapeutic process of solution-focused brief therapy. *Journal of Counseling and Development*, 78(4), 442-447.

Watts, R. E., & Shulman, B. H. (2003). Integrating Adlerian and constructive therapies: An Adlerian perspective. In R. E. Watts (Ed.), *Adlerian, cognitive, and constructivist therapies: An integrative dialogue* (pp. 9-37). New York: Springer.

Watzlawick, P., Weakland, J., & Fisch, R. (1974). *Change: Principles of problem formation and problem resolution.* New York: W·W·Norton & Company.

Yang, J., Milliren, A., & Blagen, M. (2010). *The psychology of courage: An Adlerian handbook for healthy social living.* New York: Routledge.

저자 소개

노안영(No Ann Young)

〈학력〉
전남대학교 사범대학 교육학과 졸업(1978)
서울대학교 대학원 심리학(상담전공) 석사(1983)
미국 켄터키 주립대학교(University of Kentucky) 상담심리학 철학박사(1993)

〈경력〉
서울대학교, 서강대학교, 전남대학교 학생생활연구소 카운슬러
미국 LA 주립 정신병원(Coastal Pacific-Asian Mental Health Center)에서 인턴십
미국 LA 한국청소년센터(Korean Youth Center) 카운슬러
흥사단 광주지부 청소년연구원 원장
전남대학교 카운슬링센터 소장
광주 · 전남상담학회 회장
전남대학교 입학관리본부장

〈현재〉
전남대학교 사회과학대학 심리학과 교수
한국상담심리학회 상담심리전문가, 한국상담학회 수련감독 전문상담사
적극적 부모역할 훈련 트레이너, 한국상담심리학회 이사
한국상담심리학회, 한국상담학회 편집위원
(사)한국아들러상담학회 회장

〈저서 및 역서〉
저서:상담실습자를 위한 상담의 원리와 기술(공저, 학지사, 2006)
　　　Becoming A Wise Counselor(Hakjisa, 2011)
　　　집단상담: 이론과 실제(학지사, 2011)
　　　개인심리학 상담 원리와 적용(공저, 학지사, 2011)
　　　상담자의 지혜: 13인의 심리학자가 들려주는 상담의 지혜(학지사, 2011)
　　　삶의 지혜를 위한 상담심리(학지사, 2011)
　　　게슈탈트치료의 이해와 적용: 접촉과 자각을 통한 경험적 치료(학지사, 2013)
　　　불완전할 용기(솔과학, 2016)
　　　성격심리학(2판, 학지사, 2018)
　　　상담심리학의 이론과 실제(2판, 학지사, 2018)
역서:펄스의 게슈탈트적 자기치료(학지사, 1996)
　　　학교상담(학지사, 2000)
　　　애들러 상담이론(공역, 학지사, 2001)
　　　아들러 상담이론과 실제(공역, 학지사, 2005)
　　　외상 후 성장(공역, 학지사, 2015)

칭찬하지 마라 격려하라

아들러 심리학이 전하는 성공의 비결
Encourage rather than Praise for Success

2018년 2월 10일 1판 1쇄 발행
2022년 11월 25일 1판 3쇄 발행

글쓴이 • 노 안 영
펴낸이 • 김 진 환
펴낸곳 • (주) **학지사**

04031 서울특별시 마포구 양화로 15길 20 마인드월드빌딩 5층
대표전화 • 02) 330-5114   팩스 • 02) 324-2345
등록번호 • 제313-2006-000265호

홈페이지 • http://www.hakjisa.co.kr
페이스북 • https://www.facebook.com/hakjisabook

ISBN 978-89-997-1469-6 03180

정가 **13,000**원

저자와의 협약으로 인지는 생략합니다.
파본은 구입처에서 교환하여 드립니다.

이 책을 무단으로 전재하거나 복제할 경우 저작권법에 따라 처벌을 받게 됩니다.

출판미디어기업 **학지사**

간호보건의학출판 **학지사메디컬** www.hakjisamd.co.kr
심리검사연구소 **인싸이트** www.inpsyt.co.kr
학술논문서비스 **뉴논문** www.newnonmun.com
원격교육연수원 **카운피아** www.counpia.com